SE 07

Curso

*La diferencia entre aprobar
y sacar plaza*

Pinche

SERVICIO MURCIANO DE SALUD

Si aún no dispones de tu **Curso MAD360**, te ofrecemos un acceso GRATIS de 30 días para que disfrutes de los siguientes recursos:

- Técnicas de Memoria 360.
- MADTEST: Test *online* Nivel PRO.
- Temario en formato digital.
- Vídeos.
- Esquemas.
- Planificación de estudio.
- Foro entre opositores hasta la fecha del examen.*
- Recursos y novedades exclusivas.
- Consúltanos sobre tu oposición y proceso selectivo.
- Actualizaciones legislativas (Boletines Oficiales) hasta 60 días antes de la fecha del examen.*

Para acceder a esta prueba del Curso MAD360** será necesaria la compra de todos los libros para esta especialidad de la edición 2026.

Regístrate en **mad.es/iniciar-sesion** y en la pestaña MIS CURSOS valida los códigos que encuentras en la última página de tus libros.

NOTA IMPORTANTE:

* Examen de esta categoría profesional correspondiente a la convocatoria publicada en el BORM núm. 291, de 18 de diciembre de 2025, o hasta el 28 de febrero de 2027, lo que se cumpla antes, y previa renovación del servicio.

** El acceso al CURSO MAD360 estará disponible desde febrero de 2026 (algunos recursos podrían estar disponibles en fecha posterior). Tendrá una duración de 30 días RENOVABLES mediante pago, desde la validación de códigos, o hasta el 31 de agosto de 2027, lo que se cumpla antes.

MAD se reserva el derecho a ampliar dichas fechas.

Pinche
del Servicio Murciano de Salud

Febrero, 2026

Pinche
del Servicio Murciano de Salud

Test del temario

Autores

ANA MARÍA SERRANO BÁRCENA
Licenciada en Biología

MARTA GONZÁLEZ CABALLERO
Diplomada en Dietética y Nutrición Humana
Formadora Ocupacional

M.ª DOLORES MOLADA LOPEZ
Diplomada en Magisterio
Técnico en Prevención de Riesgos Laborales

FRANCISCO JESÚS TORRES FONSECA
Licenciado en Derecho

JOSÉ LUIS GARRIDO VELA
Licenciado en Derecho

LIDIA PONCE MARTÍNEZ
Licenciada en Psicología

© 7 Editores Recursos para la Cualificación Profesional y el Empleo, S.L. (7 Editores)
© Los autores
Primera edición, febrero 2026 (138 páginas)
Derechos de edición reservados a favor de 7 Editores
IMPRESO EN ESPAÑA
Diseño Portada: 7 Editores
Edita: 7 Editores
Avda. San Francisco Javier, 9 · Edificio Sevilla 2 · Planta 11 · Módulos 25-27 · 41018 Sevilla
Teléfono: 954 784 411 · WEB: www.mad.es · e-mail: administracion@7editores.com
ISBN: 979-13-702-8486-2
© "Editorial Mad" y "Eduforma" son nombres comerciales registrados de
7 Editores Recursos para la Cualificación Profesional y el Empleo, S.L.

Índice

TEST PARTE GENERAL

TEST PARTE ESPECÍFICA

TEST
PARTE GENERAL

TEST N.º 1

Los derechos y deberes fundamentales en el Título I de la Constitución Española; la protección de la salud en la Constitución. La Ley Orgánica 4/1982, de 9 de junio, del Estatuto de Autonomía de la Región de Murcia: órganos institucionales y régimen jurídico

1. El derecho a la propiedad en nuestra Constitución es un Derecho:

a) Inherente a la condición humana.
b) Absoluto.
c) Que está limitado por la función social de la misma.
d) Ninguna de las respuestas anteriores es correcta.

2. Dispone la Carta Magna que todos contribuirán al sostenimiento de los gastos públicos de acuerdo con su capacidad económica mediante un sistema tributario justo inspirado en los principios de:

a) Legalidad y equidad.
b) Igualdad y progresividad.
c) Publicidad y legalidad.
d) Eficacia y sostenibilidad.

3. En virtud del principio de progresividad tributaria:

a) Se implantarán paulatinamente cada vez mayores tributos
b) Los tipos impositivos serán regresivos.
c) Prima el principio de igualdad en el pago de los tributos.
d) Nada de lo expuesto es cierto.

4. Según la Constitución, el Estado es:

a) Apolítico.
b) Aconfesional.
c) De bienestar social.
d) Federal.

5. El derecho a la vida se consagra en el siguiente artículo de la Constitución:

a) 10.
b) 16.
c) 15.
d) 24.

6. La pena de muerte en España:

a) Ha quedado abolida.
b) Puede aplicarse en cualquier momento.
c) Solo se aplicará, en tiempo de guerra, a los militares.
d) Rige solo en el ámbito civil.

7. La inmediata puesta a disposición judicial derivada del *habeas corpus*, se produce por:

a) Detención ilegal.
b) Prisión ilegal.
c) Prisión preventiva.
d) Detención preventiva.

8. El proceso en el que se enjuicie a un presunto delincuente debe:

a) Ser sumario.
b) No dilatarse.
c) Entorpecer los instrumentos probatorios.
d) Nada de lo anterior es cierto.

9. La entrada en un domicilio en caso de flagrante delito, sin autorización de su titular:

a) Puede dar lugar a la aplicación del habeas corpus.
b) Requiere autorización previa de la autoridad judicial.
c) Puede efectuarse en todo momento.
d) No puede realizarse en momento alguno.

10. Cuando, al conocerse la comisión de un delito por una persona, se acude a su domicilio para detenerla:

a) Está obligada a franquear la entrada.
b) Se necesitará autorización judicial para entrar, si no da su consentimiento para ello.
c) Pese a que no dé su consentimiento, se puede entrar.
d) Nada de lo anterior es correcto.

11. La autorización previa para celebrar una manifestación pública:

a) La da el Subdelegado del Gobierno en la Provincia.
b) Es ineludible.
c) Sería inconstitucional.
d) Se da cuando no se prevean alteraciones al orden público, con peligro para personas o bienes.

12. El tipo de sufragio que consagra la Constitución es el:

a) Proporcional.
b) Universal.
c) Censitario.
d) Las respuestas a) y b) son correctas.

13. Además de la no autoinculpación, la Constitución prevé que no se está obligado a declarar sobre un hecho presuntamente delictivo en caso de:

a) Parentesco y afinidad.
b) Cláusula de conciencia.
c) Secreto profesional.
d) Las respuestas a) y b) son correctas.

14. Los Tribunales de Honor están prohibidos respecto de los/la/las:

a) Sindicatos y Organizaciones Profesionales.
b) Administración Civil y Militar.
c) Organizaciones Profesionales y la Administración Civil.
d) Todas las respuestas anteriores son correctas.

15. ¿En qué artículos de nuestra CE se recogen los derechos fundamentales y de las libertades públicas?

a) En los artículos 10 a 43.
b) En los artículos 25 a 38.
c) En los artículos 31 a 45.
d) En los artículos 15 a 29.

16. El Estatuto de Autonomía de la Región de Murcia fue aprobado a través de la Ley:

a) Ley Orgánica 4/1982, de 9 de junio.
b) Ley Orgánica 2/1984, de 6 de septiembre.
c) Ley Orgánica 4/1984, de 6 de junio.
d) Ley Orgánica 2/1982, de 9 de septiembre.

17. ¿De cuántos artículos consta el Estatuto de Autonomía de la Región de Murcia?

a) 45 artículos.
b) 55 artículos.
c) 69 artículos.
d) 82 artículos.

En MADTEST tienes **más preguntas de este tema,** y todos tus avances quedan registrados y se reflejan en el ranking.

¡Supera tus límites con MADTEST!

A continuación te presentamos algunos ejemplos de preguntas comentadas:

18. ¿Qué título del Estatuto de Autonomía de la Región de Murcia se refiere a los órganos institucionales?

a) Título Preliminar.
b) Título I.
c) Título II.
d) Título III.

Respuesta correcta: c) Título II.

El Título II del Estatuto de Autonomía para la Región de Murcia se dedica y denomina "De Los órganos institucionales" y trata de los órganos de la Comunidad Autónoma, de la Asamblea Regional, del Presidente de la Comunidad Autónoma y del Consejo de Gobierno en cuatro capítulos.

19. Según el artículo 2 del Estatuto de Autonomía de la Región de Murcia, los poderes de la Comunidad Autónoma emanan de la Constitución, del Estatuto de Autonomía, y de:

a) El pueblo.
b) La Asamblea Regional.
c) Las leyes.
d) El Tratado de la Unión Europea.

Respuesta correcta: a) El pueblo.

El artículo 2 del Estatuto dispone que "los poderes de la Comunidad Autónoma emanan de la Constitución, del presente Estatuto y del pueblo".

20. La Comunidad Autónoma de Murcia se organiza territorialmente en:

a) Municipios.
b) Municipios y comarcas.
c) Municipios y mancomunidades.
d) Entidades locales e institucionales.

Respuesta correcta: b) Municipios y comarcas.

El artículo 3.2 del Estatuto establece:

"La Comunidad Autónoma de Murcia se organiza territorialmente en municipios y comarcas.

Los municipios gozan de plena personalidad jurídica y autonomía para la gestión de los intereses que les son propios.

Las comarcas gozan también de plena personalidad jurídica, así como de autonomía para el cumplimiento de los fines que les sean atribuidos por la Ley."

Solución al test n.º 1

1. c) Que está limitado por la función social de la misma.

2. b) Igualdad y progresividad.

3. d) Nada de lo expuesto es cierto.

4. b) Aconfesional.

5. c) 15.

6. a) Ha quedado abolida.

7. a) Detención ilegal.

8. b) No dilatarse.

9. c) Puede efectuarse en todo momento.

10. b) Se necesitará autorización judicial para entrar, si no da su consentimiento para ello.

11. c) Sería inconstitucional.

12. b) Universal.

13. c) Secreto profesional.

14. c) Organizaciones Profesionales y la Administración Civil.

15. d) En los artículos 15 a 29.

16. a) Ley Orgánica 4/1982, de 9 de junio.

17. b) 55 artículos.

18. c) Título II.

19. a) El pueblo.

20. b) Municipios y comarcas.

TEST N.º 2

**La Ley 14/1986, de 25 de abril, General de Sanidad:
la organización general del sistema sanitario público; los servicios
de salud de las comunidades autónomas; las áreas de salud.
La Ley 4/1994, de 26 de julio, de Salud de la Región de Murcia:
el mapa sanitario regional. El Servicio Murciano de Salud:
órganos de dirección, participación y gestión**

1. ¿Cómo se denomina el órgano de participación de las Áreas de Salud?

a) Consejo de salud de área.
b) Consejo de dirección de área.
c) Comisión de salud del área.
d) Comité de Participación del Área de Salud.

2. La universalización de la atención sanitaria pretendido por la Ley General de Sanidad comprende:

a) La equidad en el acceso a los servicios.
b) La regionalización sanitaria.
c) La descentralización en la gestión de los recursos sanitarios.
d) La cobertura sanitaria de la totalidad de la población.

3. La Ley 14/1986 de 25 de abril, General de Sanidad, se estructura en:

a) Un Título Preliminar, siete Títulos, diez Disposiciones Adicionales, seis Disposiciones Transitorias, dos Disposiciones Derogatorias y dieciséis Disposiciones Finales.
b) Un Título Preliminar, seis Títulos, diez Disposiciones Adicionales, siete Disposiciones Transitorias, dos Disposiciones Derogatorias y dieciséis Disposiciones Finales.
c) Un Título Preliminar, siete Títulos, diez Disposiciones Adicionales, siete Disposiciones Transitorias, tres Disposiciones Derogatorias y dieciséis Disposiciones Finales.
d) Un Título Preliminar, siete Títulos, diez Disposiciones Adicionales, seis Disposiciones Transitorias, tres Disposiciones Derogatorias y dieciséis Disposiciones Finales.

4. Los subsistemas sanitarios autonómicos se integran en:

a) El Sistema Nacional de Salud.
b) El Sistema Interterritorial de Salud.
c) El Centro de Coordinación Sanitaria.
d) Todas las respuestas anteriores son falsas.

5. La Ley 14/1986, de 25 de abril, General de Sanidad, establece que las piezas básicas de los Servicios de Salud de las Comunidades Autónomas son:

a) Las Áreas de Salud.
b) Los Distritos Sanitarios.
c) Las Comarcas Sanitarias.
d) Las Zonas de Salud.

6. La Ley 14/1986, de 25 de abril, General de Sanidad, tiene como objeto la regulación general de todas las acciones que permitan hacer efectivo el derecho a la protección de la salud reconocido en el artículo:

a) 15 de la Constitución Española.
b) 19 de la Constitución Española.
c) 33 de la Constitución Española.
d) 43 de la Constitución Española.

7. Las Áreas de Salud se delimitan teniendo en cuenta factores:

a) Climatológicos y de dotación de vías y medios de comunicación.
b) Geográficos y demográficos.
c) Socioeconómicos y culturales.
d) Todas las respuestas son correctas.

8. Como regla general el área de salud extenderá su acción a una población:

a) No inferior a 100.000 habitantes ni superior a 150.000.
b) No inferior a 200.000 habitantes ni superior a 250.000.
c) No inferior a 250.000 habitantes ni superior a 300.000.
d) No inferior a 300.000 habitantes ni superior a 500.000.

9. ¿Qué Comunidades Autónomas y/o Ciudades Autónomas se exceptúan de la regla que hemos visto en la pregunta anterior, pudiéndose acomodar a sus específicas peculiaridades?

a) Baleares, Ceuta y Melilla.
b) Baleares y Canarias.
c) Canarias, Ceuta y Melilla.
d) Baleares, Canarias, Ceuta y Melilla.

10. Según dispone al artículo 56.5 LGS, cada provincia tendrá, en todo caso y como mínimo:

a) Un área de salud.
b) Dos áreas de salud.
c) Tres áreas de salud.
d) Cuatro áreas de salud.

11. Es objeto de la Ley 4/1994, de 26 de julio, de Salud de la Región de Murcia:

a) La igualdad efectiva y corrección de los desequilibrios territoriales y sociales en las condiciones de acceso a los servicios sanitarios.
b) La regulación de todas las acciones que permitan hacer efectivos el derecho a la protección de la salud.
c) La mejora continuada de la calidad de la asistencia sanitaria.
d) El respeto y el reconocimiento de los derechos de los usuarios.

12. La universalización de la asistencia sanitaria para todos los residentes de derecho o de hecho en la Región de Murcia es:

a) El objeto de la Ley autonómica de Salud.
b) Un ideal inalcanzable.
c) Un principio informador de los servicios sanitarios autonómicos.
d) Un derecho contrario a la Constitución española.

13. ¿Cuántos representantes de la Comunidad Autónoma de Murcia pueden formar parte del Consejo de Administración del Servicio Murciano de Salud?

a) Tres.
b) Hasta cinco.
c) Hasta siete.
d) Hasta ocho.

14. Los Consejos de salud de área estarán constituidos por:

a) Las organizaciones sindicales más representativas, en una proporción no inferior al 50 %, a través de los profesionales sanitarios titulados.
b) La representación de los ciudadanos a través de las Corporaciones Locales comprendidas en su demarcación, que supondrá el 25 % de sus miembros.
c) La Administración sanitaria del área de salud.
d) Todas las respuestas son correctas.

15. El Gerente del área de salud será nombrado y cesado por la dirección del servicio de salud de la Comunidad Autónoma, a propuesta de:

a) El Consejo de dirección del área.
b) El Consejo de salud del área.

c) La Consejería de Sanidad de la Comunidad Autónoma.
d) El Consejo de Gerencia de la zona.

16. ¿A quién corresponde, según dispone el art. 60.3 LGS, presentar los anteproyectos del Plan de Salud y de sus adaptaciones anuales así como el proyecto de memoria anual del área de salud?

a) Al Consejo de salud del área.
b) Al Consejo de dirección del área.
c) Al Gerente del área de salud.
d) A las Consejerías de Sanidad de las Comunidades Autónomas.

17. Señala cuál de las siguientes es una de las funciones de los Consejos de Salud:

a) Conocer e informar el anteproyecto del Plan de Salud del área y de sus adaptaciones anuales.
b) Conocer e informar la memoria anual del área de salud.
c) Verificar la adecuación de las actuaciones en el área de salud a las normas y directrices de la política sanitaria y económica.
d) Todas las respuestas son correctas.

En MADTEST tienes **más preguntas de este tema,** y todos tus avances quedan registrados y se reflejan en el ranking.

¡Supera tus límites con MADTEST!

A continuación te presentamos algunos ejemplos de preguntas comentadas:

18. El Plan de Salud es:

a) La expresión de la política de salud a desarrollar por las Administraciones Públicas en Murcia.
b) El documento que integra los presupuestos del Servicio Murciano de Salud.
c) El mapa que contiene las demarcaciones sanitarias de la Región de Murcia.
d) El pliego de derechos y deberes de los usuarios del sistema sanitario murciano.

Respuesta correcta: a) La expresión de la política de salud a desarrollar por las Administraciones Públicas en Murcia.

El Plan de Salud constituye el instrumento estratégico mediante el cual las Administraciones Públicas definen los objetivos, prioridades y líneas de actuación en materia sanitaria. Su finalidad es orientar las políticas de salud para mejorar el nivel de salud de la población, coordinando recursos y acciones de forma planificada y coherente.

19. Las demarcaciones territoriales en las que se ordena el mapa sanitario de la Región de Murcia se denominan:

a) Zonas básicas de salud.
b) Áreas de Salud.
c) Comarcas Sanitarias.
d) Distritos Sanitarios.

Respuesta correcta: b) Áreas de Salud.

El mapa sanitario de la Región de Murcia se estructura en Áreas de Salud como unidades territoriales de planificación y gestión del sistema sanitario. Estas áreas permiten organizar los recursos asistenciales y garantizar una atención sanitaria adecuada, coordinada y equitativa a la población asignada.

20. El órgano superior de gobierno del Área de Salud es:

a) El Gerente de Área.
b) El Consejo de Administración.
c) El Consejo de Salud de Área.
d) El Consejo de dirección.

Respuesta correcta: d) El Consejo de dirección.

El Consejo de Dirección es el órgano colegiado de carácter directivo que ejerce las funciones superiores de gobierno del Área de Salud. En él se integran los responsables de las distintas áreas de gestión y coordinación, y su finalidad es dirigir, planificar y supervisar el funcionamiento global del área sanitaria. El Consejo de Salud de Área, por el contrario, tiene funciones de participación y asesoramiento, no de gobierno.

Solución al test n.º 2

1. a) Consejo de salud de área.

2. d) 116.

3. a) Un Título Preliminar, siete Títulos, diez Disposiciones Adicionales, seis Disposiciones Transitorias, dos Disposiciones Derogatorias y dieciséis Disposiciones Finales.

4. a) El Sistema Nacional de Salud.

5. a) Las Áreas de Salud.

6. d) 43 de la Constitución Española.

7. d) Todas las respuestas son correctas.

8. b) No inferior a 200.000 habitantes ni superior a 250.000.

9. d) Baleares, Canarias, Ceuta y Melilla.

10. a) Un área de salud.

11. b) La regulación de todas las acciones que permitan hacer efectivos el derecho a la protección de la salud.

12. c) Un principio informador de los servicios sanitarios autonómicos.

13. d) Hasta ocho.

14. c) La Administración sanitaria del área de salud.

15. a) El Consejo de dirección del área.

16. c) Al Gerente del área de salud.

17. d) Todas las respuestas son correctas.

18. a) La expresión de la política de salud a desarrollar por las Administraciones Públicas en Murcia.

19. b) Área de Salud.

20. d) El Consejo de dirección.

TEST N.º 3

Ley 55/2003, de 16 de diciembre, del Estatuto Marco del personal estatutario de los servicios de salud: derechos y deberes; promoción interna. Régimen disciplinario: faltas y sanciones

1. La Ley 55/2003 del Estatuto Marco de Personal Estatutario de los Servicios de Salud es aplicable:

a) Al personal estatutario de los servicios de salud.
b) Al personal sanitario excluyendo al personal de gestión y servicios.
c) Al personal funcionario de las Comunidades Autónomas.
d) Al personal funcionario del Estado.

2. El personal estatutario con nombramiento expedido para el ejercicio de una profesión o especialidad sanitaria se denomina:

a) Personal sanitario.
b) Otro personal.
c) Personal de mantenimiento.
d) Personal de gestión y servicios.

3. El personal estatutario con nombramiento expedido para el desempeño de funciones de gestión o para el desempeño de profesiones u oficios que no tengan carácter sanitario se denomina:

a) Personal universitario.
b) Personal de gestión y servicios.
c) Personal directivo.
d) Personal administrativo.

4. Según establece el art. 8 de la Ley 55/2003, de 16 de diciembre, del Estatuto Marco de los Servicios de Salud, es personal estatutario fijo:

a) El que, una vez superado el correspondiente proceso selectivo, obtiene un nombramiento para el desempeño, con carácter permanente, de las funciones que de tal nombramiento se deriven.
b) Todo el personal al servicio de los Servicios de Salud.

c) El personal que realice una prestación de servicios determinados de naturaleza temporal, coyuntural o extraordinaria.

d) El personal en posesión de un contrato laboral indefinido.

5. El funcionario sancionado con la separación del servicio no podrá concurrir a las pruebas de selección para la obtención de la condición de personal estatutario fijo, ni prestar servicios como personal estatutario temporal, durante:

a) Los 6 años siguientes.
b) Los 5 años siguientes.
c) Los 10 años siguientes.
d) La separación del servicio es definitiva.

6. La categoría profesional de Celador está comprendida dentro del grupo de:

a) Personal de gestión y servicios.
b) Personal no estatutario.
c) Personal estatutario sanitario.
d) Personal estatutario de formación profesional.

7. Es personal Estatutario Sanitario:

a) El que ejerce una profesión o especialidad sanitaria.
b) El que ostenta esta condición en virtud de nombramiento expedido para el ejercicio de una profesión o especialización sanitaria.
c) El que desempeña una categoría clasificada como sanitaria.
d) Quien ejerza una profesión sanitaria sin ostentar la condición de funcionario.

8. El personal Estatutario de Gestión y Servicio se clasifica en función del título exigido para el ingreso en:

a) Personal de formación universitaria, personal de formación personal y otro personal.
b) Personal universitario, personal de formación profesional y personal subalterno.
c) Personal licenciado universitario, personal de administración y personal auxiliar.
d) Ninguna es correcta.

9. El Estatuto Marco del Personal Estatutario de los Servicios de Salud está regulado por:

a) Una Ley orgánica.
b) Una Ley ordinaria.
c) Un Real Decreto.
d) Un Reglamento.

10. Podrá concurrir a las pruebas selectivas, por el sistema de promoción interna, el personal estatutario fijo que se encuentre en servicio activo y con nombramiento como personal estatutario fijo, en la categoría de procedencia, durante al menos:

a) 2 años.
b) 3 años.
c) 4 años.
d) 5 años.

11. Los procedimientos de selección de personal estatutario temporal se basarán en diferentes principios recogidos en el artículo 33.1 del Estatuto Marco del personal estatutario de los servicios de salud, entre los que no está el principio de:

a) Mérito.
b) Publicidad.
c) Solidaridad.
d) Capacidad.

12. No constituye un derecho individual del personal estatutario:

a) La estabilidad en el empleo.
b) La movilidad voluntaria.
c) El descanso necesario.
d) La negociación colectiva.

13. El régimen de derechos del personal estatutario será aplicable al personal temporal:

a) En la medida en que la naturaleza del derecho lo permita.
b) En todo caso.
c) En ningún caso.
d) Solo cuando así se establezca en su nombramiento.

14. Según el Estatuto Marco, la selección de personal estatutario fijo se efectuará con carácter general a través del sistema de:

a) Oposición.
b) Concurso-oposición.
c) Concurso.
d) Pruebas selectivas.

15. En relación con los derechos y deberes regulados en el Estatuto Marco, no se considera un derecho colectivo:

a) La huelga.
b) La actividad sindical.

c) La reunión.
d) La estabilidad en el empleo.

16. Entre los siguientes derechos que le reconoce el Estatuto Marco al personal estatutario, ¿cuál de ellos no tiene el carácter de derecho individual?

a) La estabilidad en el empleo.
b) El respeto a la dignidad e intimidad personal en el trabajo.
c) La formación continuada adecuada a la función desempeñada.
d) Disponer de servicios de prevención y de órganos representativos en materia de seguridad laboral.

17. El personal estatutario de los servicios de salud tiene el deber de:

a) Participar en la elaboración de los convenios colectivos.
b) Realizar sus funciones fuera del horario y jornada habitual.
c) Realizar actividades sindicales.
d) Respetar la Constitución, el Estatuto de Autonomía correspondiente y el resto del ordenamiento jurídico.

En MADTEST tienes **más preguntas de este tema,** y todos tus avances quedan registrados y se reflejan en el ranking.

¡Supera tus límites con MADTEST!

A continuación te presentamos algunos ejemplos de preguntas comentadas:

18. Según el Estatuto Marco del Personal Estatutario de los Servicios de Salud, ¿cuál de los siguientes es un derecho colectivo?

a) Derecho a la percepción puntual de las retribuciones e indemnizaciones por razón del servicio en cada caso establecidas.
b) Derecho a la libre sindicación.
c) Derecho a la movilidad voluntaria, promoción interna y desarrollo profesional, en la forma en que prevean las disposiciones en cada caso aplicables.
d) Derecho a la jubilación en los términos y condiciones establecidas en las normas en cada caso aplicables.

Respuesta correcta: b) Derecho a la libre sindicación.

Según el artículo 18 de la Ley 55/2003, de 16 de diciembre:

"El personal estatutario ostenta, en los términos establecidos en la Constitución y en la legislación específicamente aplicable, los siguientes derechos colectivos:

a) A la libre sindicación.

b) A la actividad sindical.

c) A la huelga, garantizándose en todo caso el mantenimiento de los servicios que resulten esenciales para la atención sanitaria a la población.

d) A la negociación colectiva, representación y participación en la determinación de las condiciones de trabajo.

e) A la reunión.

f) A disponer de servicios de prevención y de órganos representativos en materia de seguridad laboral."

19. Son faltas muy graves:

a) La falta de obediencia debida a los superiores.

b) El acoso sexual, cuando el sujeto activo del acoso cree con su conducta un entorno laboral intimidatorio, hostil o humillante para la persona que es objeto del mismo.

c) El incumplimiento del deber de respeto a la Constitución o al respectivo Estatuto de Autonomía en el ejercicio de sus funciones.

d) La aceptación de cualquier tipo de contraprestación por los servicios prestados a los usuarios de los Servicios de Salud.

Respuesta correcta: c) El incumplimiento del deber de respeto a la Constitución o al respectivo Estatuto de Autonomía en el ejercicio de sus funciones.

Según el artículo 72.2.a) de la Ley 55/2003, de 16 de diciembre:

"2. Son faltas muy graves:

a) El incumplimiento del deber de respeto a la Constitución o al respectivo Estatuto de Autonomía en el ejercicio de sus funciones."

20. Conforme al artículo 6.2 de la Ley 55/2003, de 16 de diciembre, del Estatuto Marco del personal estatutario de los servicios de salud, atendiendo al nivel académico del título exigido para el ingreso, el personal estatutario sanitario de formación profesional se divide en:

a) Técnicos sanitarios y Auxiliares de Enfermería.

b) Técnicos superiores y Técnicos.

c) Técnicos superiores y Técnicos de gestión.

d) Técnicos especialistas y Técnicos.

Respuesta correcta: b) Técnicos superiores y Técnicos.

Según el artículo 6.2 de la Ley 55/2003, de 16 de diciembre:

"2. Atendiendo al nivel académico del título exigido para el ingreso, el personal estatutario sanitario se clasifica de la siguiente forma:

a) Personal de formación universitaria: quienes ostentan la condición de personal estatutario en virtud de nombramiento expedido para el ejercicio de una profesión sanitaria que exija una concreta titulación de carácter universitario, o un título de tal carácter acompañado de un título de especialista. Este personal se divide en:

1.º Licenciados con título de especialista en Ciencias de la Salud.

2.º Licenciados sanitarios.

3.º Diplomados con título de Especialista en Ciencias de la Salud.

4.º Diplomados sanitarios.

b) Personal de formación profesional: quienes ostenten la condición de personal estatutario en virtud de nombramiento expedido para el ejercicio de profesiones o actividades profesionales sanitarias, cuando se exija una concreta titulación de formación profesional. Este personal se divide en:

1.º Técnicos superiores.

2.º Técnicos."

Solución al test n.º 3

1. a) Al personal estatutario de los servicios de salud.

2. a) Personal sanitario.

3. b) Personal de gestión y servicios.

4. a) El que, una vez superado el correspondiente proceso selectivo, obtiene un nombramiento para el desempeño, con carácter permanente, de las funciones que de tal nombramiento se deriven.

5. a) Los 6 años siguientes.

6. a) Personal de gestión y servicios.

7. b) El que ostenta esta condición en virtud de nombramiento expedido para el ejercicio de una profesión o especialización sanitaria.

8. a) Personal de formación universitaria, personal de formación personal y otro personal.

9. b) Una Ley ordinaria.

10. a) 2 años.

11. c) Solidaridad.

12. d) La negociación colectiva.

13. a) En la medida en que la naturaleza del derecho lo permita.

14. b) Concurso-oposición.

15. d) La estabilidad en el empleo.

16. d) Disponer de servicios de prevención y de órganos representativos en materia de seguridad laboral.

17. d) Respetar la Constitución, el Estatuto de Autonomía correspondiente y el resto del ordenamiento jurídico.

18. b) Derecho a la libre sindicación.

19. c) El incumplimiento del deber de respeto a la Constitución o al respectivo Estatuto de Autonomía en el ejercicio de sus funciones.

20. b) Técnicos superiores y Técnicos.

Situaciones administrativas, permisos y licencias en la Ley 55/2003, de 16 de diciembre, del Estatuto Marco del personal estatutario de los servicios de salud, la Ley 5/2001, de 5 de diciembre, de personal estatutario del Servicio Murciano de Salud y el Estatuto Básico del Empleado Público

1. La Ley 5/2001 regula específicamente:

a) El régimen jurídico de todo el personal del Servicio Murciano de Salud.
b) La relación funcionarial del personal sanitario dependiente de la Comunidad Autónoma.
c) El estatuto básico del personal sanitario del Sistema Nacional de Salud.
d) La relación estatutaria especial del personal estatutario como parte de la función pública regional.

2. ¿Cuál de los siguientes colectivos queda expresamente excluido del ámbito de aplicación de la Ley 5/2001?

a) El personal funcionario adscrito al Servicio Murciano de Salud.
b) El personal eventual del Servicio Murciano de Salud.
c) El personal estatutario temporal.
d) El personal estatutario en formación especializada.

3. El principio de inamovilidad en la relación de servicio del personal estatutario se configura principalmente como garantía de:

a) La estabilidad presupuestaria.
b) La profesionalización del acceso al empleo público.
c) La independencia en la prestación de servicios.
d) La carrera profesional horizontal.

4. El principio de libre circulación del personal estatutario fijo está condicionado a:

a) Las necesidades del servicio en cada centro.
b) La autorización del Consejo de Administración.

c) La negociación colectiva autonómica.

d) Los términos establecidos en la normativa básica estatal.

5. La aprobación de medidas que garanticen los servicios mínimos en caso de huelga corresponde a:

a) El Consejo de Gobierno de la Comunidad Autónoma.

b) El Consejo de Administración del Servicio Murciano de Salud.

c) El Director Gerente.

d) La Consejería de Sanidad y Consumo.

6. Según la Ley 5/2001, la competencia para aprobar la oferta de empleo público del personal estatutario corresponde a:

a) El Consejo de Gobierno.

b) El Director Gerente.

c) El Consejo de Administración.

d) La Consejería de Sanidad y Consumo.

7. La aprobación de las plantillas de los distintos centros de trabajo corresponde a:

a) El Consejo de Gobierno.

b) El Director Gerente.

c) El Consejo de Administración.

d) La Consejería de Sanidad.

8. ¿Qué órgano fija anualmente las normas y directrices en materia de régimen retributivo del personal estatutario?

a) El Consejo de Gobierno.

b) El Director Gerente.

c) El Consejo de Administración.

d) La Mesa de Negociación.

9. La jefatura del personal estatutario del Servicio Murciano de Salud corresponde a:

a) El Consejo de Gobierno.

b) El Director Gerente.

c) El Consejo de Administración.

d) El Consejero de Sanidad.

10. En el Registro de Personal del Servicio Murciano de Salud:

a) Pueden constar datos relativos a ideología política si son relevantes.

b) Solo se inscriben los datos económicos del personal.

c) No puede figurar información relativa a raza, religión u opinión.
d) Únicamente se inscriben los actos administrativos firmes.

11. La inclusión de nuevas retribuciones en nómina exige previamente:

a) La autorización de la Mesa de Negociación.
b) Su comunicación al Registro de Personal.
c) La aprobación del Consejo de Administración.
d) La publicación en el BORM.

12. De conformidad con la Ley 5/2001, el periodo máximo de permanencia en la situación de expectativa de destino es de:

a) Seis meses.
b) Un año.
c) Dos años.
d) Tres años.

13. El incumplimiento de las obligaciones inherentes a la excedencia forzosa puede determinar:

a) La apertura automática de expediente disciplinario.
b) El pase a la situación de servicios especiales.
c) La pérdida definitiva de la plaza.
d) El pase a la excedencia voluntaria por interés particular.

14. El personal estatutario fijo permanecerá en servicio activo cuando:

a) Se encuentre en expectativa de destino.
b) Esté disfrutando de vacaciones o permisos.
c) Preste servicios en otra Administración pública.
d) Se halle en excedencia forzosa.

15. Según la Ley 5/2001, el personal estatutario en excedencia forzosa tiene derecho a percibir:

a) Todas las retribuciones básicas y complementarias.
b) Únicamente el complemento de destino.
c) Las retribuciones básicas y el cómputo de trienios.
d) Exclusivamente los trienios reconocidos.

16. La duración mínima de la excedencia voluntaria por interés particular es de:

a) Un año.
b) Dos años.

c) Tres años.
d) Cinco años.

17. Según la Ley 5/2001, la duración máxima de la excedencia por cuidado de cada hijo es de:

a) Un año.
b) Dos años.
c) Tres años.
d) Cuatro años.

En MADTEST tienes **más preguntas de este tema,** y todos tus avances quedan registrados y se reflejan en el ranking.

¡Supera tus límites con MADTEST!

A continuación te presentamos algunos ejemplos de preguntas comentadas:

18. Según la Ley 5/2001, el número de días hábiles de vacaciones anuales tras cumplir veinte años de servicio es de:

a) 22 días.
b) 23 días.
c) 24 días.
d) 25 días.

Respuesta correcta: c) 24 días.

Según el artículo 59.1 de la Ley 5/2001, de 5 de diciembre, de personal estatutario del Servicio Murciano de Salud:

"1. El personal estatutario tendrá derecho a disfrutar, durante cada año natural, de unas vacaciones retribuidas de veintidós días hábiles, o de los días que correspondan proporcionalmente si el tiempo de servicio durante el año fue menor. A los efectos de lo previsto en el presente artículo, no se considerarán como días hábiles los sábados, sin perjuicio de las adaptaciones que se establezcan para los horarios especiales.

En el supuesto de haber completado en la Administración los años de antigüedad que se indican, se tendrá derecho al disfrute de los siguientes días de vacaciones anuales:

– Quince años de servicio: Veintitrés días hábiles.

– Veinte años de servicio: Veinticuatro días hábiles.

– Veinticinco años de servicio: Veinticinco días hábiles.

– Treinta o más años de servicio: Veintiséis días hábiles.

Los días adicionales se podrán disfrutar desde el día siguiente al de cumplimiento de los correspondientes años de servicio."

19. La jornada ordinaria máxima para el personal estatutario del Servicio Murciano de Salud con dedicación normal es de:

a) 35 horas semanales.
b) 40 horas semanales.
c) 37 horas semanales.
d) 37 horas y media semanales de promedio anual.

Respuesta correcta: d) 37 horas y media semanales de promedio anual.

Según el artículo 56.1 y 2 de la Ley 5/2001, de 5 de diciembre, de personal estatutario del Servicio Murciano de Salud:

"1. La jornada ordinaria y general del personal estatutario se aprobará, previa negociación en la Mesa de negociación a la que se refiere el artículo 87 de esta Ley. De igual forma se establecerán, en su caso, las jornadas especiales que resulten necesarias para determinados colectivos, grupos o categorías funcionales de personal.

2. Las jornadas a que se refiere el apartado anterior no serán superiores a las cuarenta horas semanales de trabajo efectivo de promedio en cómputo anual para el personal con especial dedicación, ni a las treinta y siete horas y media semanales para el personal con dedicación normal. (…)"

20. Según el Estatuto Marco, siempre que la duración de la jornada exceda de seis horas continuadas, deberá establecerse un periodo de descanso durante la misma de al menos:

a) 10 minutos.
b) 15 minutos.
c) 20 minutos.
d) 30 minutos.

Respuesta correcta: b) 15 minutos.

Según el artículo 50 de Ley 55/2003, de 16 de diciembre, del Estatuto Marco del personal estatutario de los servicios de salud:

"Siempre que la duración de una jornada exceda de seis horas continuadas, deberá establecerse un período de descanso durante la misma de duración no inferior a 15 minutos. El momento de disfrute de este período se supeditará al mantenimiento de la atención de los servicios."

Solución al test n.º 4

1. d) La relación estatutaria especial del personal estatutario como parte de la función pública regional.

2. a) El personal funcionario adscrito al Servicio Murciano de Salud.

3. c) La independencia en la prestación de servicios.

4. d) Los términos establecidos en la normativa básica estatal.

5. a) El Consejo de Gobierno de la Comunidad Autónoma.

6. c) El Consejo de Administración.

7. b) El Director Gerente.

8. a) El Consejo de Gobierno.

9. b) El Director Gerente.

10. c) No puede figurar información relativa a raza, religión u opinión.

11. b) Su comunicación al Registro de Personal.

12. b) Un año.

13. d) El pase a la excedencia voluntaria por interés particular.

14. b) Esté disfrutando de vacaciones o permisos.

15. c) Las retribuciones básicas y el cómputo de trienios.

16. b) Dos años.

17. c) Tres años.

18. c) 24 días.

19. d) 37 horas y media semanales de promedio anual.

20. b) 15 minutos.

TEST N.º 5

Ley 39/2015, de 1 de octubre, del Procedimiento Administrativo Común de las Administraciones Públicas: derecho y obligación de relacionarse electrónicamente con la Administración. Ley 40/2015, de 1 de octubre, de Régimen Jurídico del Sector Público: la sede electrónica; la responsabilidad de las autoridades y personal al servicio de las Administraciones Públicas

1. Cuál de las siguientes leyes regula el derecho y obligación de relacionarse electrónicamente con la Administración:

a) La Ley 3/2007, de 22 de marzo.
b) La Ley 39/2015, de 1 de octubre.
c) La Ley 2/2018, de 5 de diciembre.
d) La Ley 40/2015, de 1 de octubre.

2. Cuál es el plazo para la práctica de las pruebas admitidas y cualesquiera otras que el órgano competente estime oportunas previsto en la Ley de Procedimiento Administrativo Común de las Administraciones Públicas en el procedimiento para la exigencia de la responsabilidad de las autoridades y personal al servicio de las Administraciones Públicas:

a) Diez días.
b) Quince días.
c) Veinte días.
d) Un mes.

3. Qué artículo de la Ley 39/2015, de 1 de octubre, del Procedimiento Administrativo Común de las Administraciones Públicas regula el derecho y obligación de relacionarse electrónicamente con las Administraciones Públicas:

a) El artículo 11.
b) El artículo 13.
c) El artículo 14.
d) El artículo 23.

4. Quiénes de los siguientes están obligados, en todo caso, a relacionarse a través de medios electrónicos con las Administraciones Públicas para la realización de cualquier trámite de un procedimiento administrativo:

a) Las entidades sin personalidad jurídica.
b) Las personas jurídicas.
c) Quienes ejerzan una actividad profesional para la que se requiera colegiación obligatoria, para los trámites y actuaciones que realicen con las Administraciones Públicas en ejercicio de dicha actividad profesional.
d) Todas las respuestas son correctas.

5. Señala la respuesta incorrecta:

a) El medio elegido por la persona para comunicarse con las Administraciones Públicas no podrá ser modificado por aquella una vez lo haya comunicado a la Administración.
b) Están obligados, en todo caso, a relacionarse a través de medios electrónicos con las Administraciones Públicas para la realización de cualquier trámite de un procedimiento administrativo, quienes representen a un interesado que esté obligado a relacionarse electrónicamente con la Administración.
c) Los notarios y registradores de la propiedad y mercantiles estarán obligados a relacionarse a través de medios electrónicos con las Administraciones Públicas para la realización de cualquier trámite de un procedimiento administrativo.
d) Las personas físicas podrán elegir en todo momento si se comunican con las Administraciones Públicas para el ejercicio de sus derechos y obligaciones a través de medios electrónicos o no, salvo que estén obligadas a relacionarse a través de medios electrónicos con las Administraciones Públicas.

6. En qué artículo de la Ley 40/2015, de 1 de octubre, de Régimen Jurídico del Sector Público se regula la sede electrónica:

a) En el artículo 27.
b) En el artículo 33.
c) En el artículo 38.
d) En el artículo 43.

7. Cada Administración Pública determinará las condiciones e instrumentos de creación de las sedes electrónicas, con sujeción a los principios de:

a) Transparencia, publicidad, responsabilidad, calidad, seguridad, disponibilidad, accesibilidad, neutralidad e interoperabilidad.
b) Transparencia, igualdad, responsabilidad, calidad, seguridad, disponibilidad, accesibilidad, neutralidad e interoperabilidad.
c) Transparencia, igualdad, responsabilidad, eficacia, calidad, seguridad, disponibilidad, accesibilidad, neutralidad e interoperabilidad.
d) Transparencia, igualdad, responsabilidad, eficiencia, calidad, seguridad, disponibilidad, accesibilidad, neutralidad e interoperabilidad.

8. Cómo denomina la Ley 40/2015, de 1 de octubre a aquella dirección electrónica, disponible para los ciudadanos a través de redes de telecomunicaciones, cuya titularidad corresponde a una Administración Pública, o bien a una o varios organismos públicos o entidades de Derecho Público en el ejercicio de sus competencias:

a) Portal electrónico.
b) Portal web.
c) Sede virtual.
d) Sede electrónica.

9. Cuál es el plazo para la formulación de la propuesta de resolución previsto en la Ley de Procedimiento Administrativo Común de las Administraciones Públicas en el procedimiento para la exigencia de la responsabilidad de las autoridades y personal al servicio de las Administraciones Públicas:

a) Cinco días a contar desde la finalización del trámite de audiencia.
b) Siete días a contar desde la finalización del trámite de audiencia.
c) Diez días a contar desde la finalización del trámite de audiencia.
d) Quince días a contar desde la finalización del trámite de audiencia.

10. En qué ley se regula la responsabilidad patrimonial de las Administraciones Públicas:

a) En la Ley 39/2015, de 1 de octubre.
b) En la Ley 11/2007, de 22 de junio.
c) En la Ley 40/2015, de 1 de octubre.
d) En la Ley 3/2007, de 22 de marzo.

11. La Administración correspondiente, cuando hubiere indemnizado a los lesionados, exigirá de oficio en vía administrativa de sus autoridades y demás personal a su servicio la responsabilidad en que hubieran incurrido por dolo, o culpa o negligencia graves, previa instrucción del correspondiente procedimiento. Señala cuál de los siguientes no es uno de los criterios que se ponderarán para exigir dicha responsabilidad y, en su caso, para su cuantificación:

a) El grado de culpabilidad.
b) El historial profesional del empleado público que ocasionó el perjuicio al administrado.
c) La responsabilidad profesional del personal al servicio de las Administraciones públicas.
d) El resultado dañoso producido.

12. Cuándo instruirá la Administración procedimiento a las autoridades y demás personal a su servicio por los daños y perjuicios causados en sus bienes o derechos:

a) Cuando hubiera concurrido negligencia grave.
b) Cuando hubiera concurrido dolo.
c) Cuando hubiera concurrido culpa.
d) Todas las respuestas son correctas.

13. Cuál es el plazo de alegaciones previsto en la Ley de Procedimiento Administrativo Común de las Administraciones Públicas en el procedimiento para la exigencia de la responsabilidad de las autoridades y personal al servicio de las Administraciones Públicas:

a) Diez días.
b) Quince días.
c) Veinte días.
d) Un mes.

14. Cuál fue la primera norma legal que estableció el derecho de los ciudadanos a relacionarse electrónicamente con las Administraciones Públicas, así como la obligación de éstas de dotarse de los medios y sistemas necesarios para que ese derecho pudiera ejercerse:

a) La Ley 11/2007, de 22 de junio.
b) La Ley 30/1992, de 26 de noviembre.
c) La Ley 40/2015, de 1 de octubre.
d) La Ley 39/2015, de 1 de octubre.

15. Cuál es el plazo de audiencia previsto en la Ley de Procedimiento Administrativo Común de las Administraciones Públicas en el procedimiento para la exigencia de la responsabilidad de las autoridades y personal al servicio de las Administraciones Públicas:

a) Diez días.
b) Quince días.
c) Veinte días.
d) Un mes.

16. Qué conlleva para su titular el establecimiento de una sede electrónica:

a) La actualización de la información y los servicios a los que pueda accederse a través de la misma.
b) La veracidad de la información y los servicios a los que pueda accederse a través de la misma.
c) La integridad de la información y los servicios a los que pueda accederse a través de la misma.
d) Todas las respuestas son correctas.

17. Señala la respuesta incorrecta:

a) En todo caso, la exigencia de responsabilidad penal del personal al servicio de las Administraciones Públicas suspenderá los procedimientos de reconocimiento de responsabilidad patrimonial que se instruyan.
b) La resolución declaratoria de responsabilidad pone fin a la vía administrativa.

c) La Administración correspondiente, cuando hubiere indemnizado a los lesionados, exigirá de oficio en vía administrativa de sus autoridades y demás personal a su servicio la responsabilidad en que hubieran incurrido por dolo, o culpa o negligencia graves, previa instrucción del correspondiente procedimiento.

d) La responsabilidad penal del personal al servicio de las Administraciones Públicas, así como la responsabilidad civil derivada del delito se exigirá de acuerdo con lo previsto en la legislación correspondiente.

En MADTEST tienes **más preguntas de este tema,** y todos tus avances quedan registrados y se reflejan en el ranking.

¡Supera tus límites con MADTEST!

A continuación te presentamos algunos ejemplos de preguntas comentadas:

18. Cuál es el plazo de resolución por el órgano competente previsto en la Ley de Procedimiento Administrativo Común de las Administraciones Públicas en el procedimiento para la exigencia de la responsabilidad de las autoridades y personal al servicio de las Administraciones Públicas:

a) Cinco días.
b) Diez días.
c) Quince días.
d) Veinte días.

Respuesta correcta: a) Cinco días.

Conforme al artículo 36.4.e) de la Ley 40/2015, de 1 de octubre, de Régimen Jurídico del Sector Público:

El procedimiento para la exigencia de la responsabilidad (…) se sustanciará conforme a lo dispuesto en la Ley de Procedimiento Administrativo Común de las Administraciones Públicas y se iniciará por acuerdo del órgano competente que se notificará a los interesados y que constará, al menos, de los siguientes trámites:

(…)

e) Resolución por el órgano competente en el plazo de cinco días.

19. En qué capítulo y sección de la Ley 40/2015, de 1 de octubre, de Régimen Jurídico del Sector Público, se regula la responsabilidad patrimonial de las Administraciones Públicas:

a) En la Sección 1ª del Capítulo IV.
b) En la Sección 2ª del Capítulo IV.

c) En la Sección 2ª del Capítulo V.
d) En la Sección 3ª del Capítulo V.

Respuesta correcta: b) En la Sección 2ª del Capítulo IV.

El Capítulo IV del Título Preliminar de la Ley 40/2015, de 1 de octubre, se divide en dos secciones que tratan sobre la responsabilidad patrimonial de las Administraciones Públicas y sobre la responsabilidad de las autoridades y personal al servicio de las Administraciones Públicas, respectivamente.

20. Quién determinará las condiciones e instrumentos de creación de las sedes electrónicas, con sujeción a los principios de transparencia, publicidad, responsabilidad, calidad, seguridad, disponibilidad, accesibilidad, neutralidad e interoperabilidad:

a) El Ministerio de Asuntos Económicos y Transformación Digital.
b) La Secretaría de Estado de Digitalización e Inteligencia Artificial.
c) Cada Administración Pública.
d) La Entidad Pública Empresarial Red.es

Respuesta correcta: c) Cada Administración Pública.

Según dispone el artículo 38.3 de la Ley 40/2015, de 1 de octubre, cada Administración Pública determinará las condiciones e instrumentos de creación de las sedes electrónicas, con sujeción a los principios de transparencia, publicidad, responsabilidad, calidad, seguridad, disponibilidad, accesibilidad, neutralidad e interoperabilidad. En todo caso deberá garantizarse la identificación del órgano titular de la sede, así como los medios disponibles para la formulación de sugerencias y quejas.

Solución al test n.º 5

1. b) La Ley 39/2015, de 1 de octubre.

2. b) Quince días.

3. c) El artículo 14.

4. d) Todas las respuestas son correctas.

5. a) El medio elegido por la persona para comunicarse con las Administraciones Públicas no podrá ser modificado por aquella una vez lo haya comunicado a la Administración.

6. c) En el artículo 38.

7. a) Transparencia, publicidad, responsabilidad, calidad, seguridad, disponibilidad, accesibilidad, neutralidad e interoperabilidad.

8. d) Sede electrónica.

9. a) Cinco días a contar desde la finalización del trámite de audiencia.

10. c) En la Ley 40/2015, de 1 de octubre.

11. c) La responsabilidad profesional del personal al servicio de las Administraciones públicas.

12. d) Todas las respuestas son correctas.

13. b) Quince días.

14. a) La Ley 11/2007, de 22 de junio.

15. a) Diez días.

16. d) Todas las respuestas son correctas.

17. a) En todo caso, la exigencia de responsabilidad penal del personal al servicio de las Administraciones Públicas suspenderá los procedimientos de reconocimiento de responsabilidad patrimonial que se instruyan.

18. a) Cinco días.

19. b) En la Sección 2ª del Capítulo IV.

20. c) Cada Administración Pública.

TEST N.º 6

Ley 31/1995, de 8 de noviembre, de Prevención de Riesgos Laborales: objeto y definiciones; derecho a la protección frente a los riesgos laborales; principios de la acción preventiva; equipos de trabajo y medios de protección; formación de los trabajadores; servicios de prevención: concepto y funciones. Conceptos básicos sobre riesgos laborales: definición de Seguridad en el Trabajo, Higiene Industrial, Ergonomía y Psicosociología. Normas generales de actuación en caso de incendio y evacuación. Tipos y manejo de extintores

1. ¿Qué se entiende por "riesgo laboral"?

a) La posibilidad de que un trabajador sufra un determinado daño derivado del trabajo.
b) La posibilidad de que un trabajador sufra una enfermedad en el trabajo.
c) La posibilidad de que un trabajador sufra acoso.
d) El riesgo que supone el ir a trabajar.

2. Indica cuál es la definición de prevención:

a) La probabilidad racional de que un riesgo se materialice de forma inminente.
b) El estudio de los procesos potencialmente peligrosos para el trabajo.
c) Conjunto de actividades o medidas adoptadas o previstas en todas las fases de actividad de la empresa con el fin de evitar o disminuir los riesgos derivados del trabajo.
d) Posibilidad de que un trabajador sufra un determinado daño derivado del trabajo.

3. Según establece el art. 4 de la Ley 31/1995, de 8 de noviembre, de Prevención de Riesgos Laborales, se define como daños derivados del trabajo.

a) La posibilidad de que un trabajador sufra un determinado daño derivado del trabajo.
b) El que resulte probable racionalmente que se materialice en un futuro inmediato y pueda suponer y pueda suponer un daño grave para la salud de los trabajadores.
c) Las enfermedades, patologías o lesiones sufridas con motivo u ocasión del trabajo.
d) Cualquier máquina, aparato, instrumento o instalación utilizada en el trabajo.

4. Se considera como "condición de trabajo":

a) Cualquier característica del trabajo que pueda tener una influencia significativa en la generación de riesgos para la seguridad y la salud del trabajador, quedando excluidas las características generales de los locales e instalaciones, existentes en el centro de trabajo.

b) La naturaleza de los agentes físicos, químicos y biológicos presentes en el ambiente de trabajo y sus correspondientes intensidades, concentraciones o niveles de presencia además de las instalaciones, incluidas las características organizativas del trabajo.

c) Todas aquellas características del trabajo, excluidas las relativas a su organización y ordenación, que influyan en la magnitud de los riesgos a que esté expuesto el trabajador.

d) Todas son correctas.

5. Para calificar un riesgo desde el punto de vista de su gravedad, se valorarán conjuntamente la severidad del daño y:

a) La probabilidad de que se produzca.

b) La cantidad de trabajadores de la empresa.

c) La existencia o no de equipos individuales de protección.

d) Las condiciones de trabajo.

6. Según recoge el artículo 4 de la Ley 31/1995, quedan específicamente incluidas en la definición de condición de trabajo:

a) Las características particulares de los locales, instalaciones, equipos, productos y demás útiles existentes en el centro de trabajo.

b) La naturaleza de los agentes físicos, químicos y biológicos presentes en el ambiente de trabajo y sus correspondientes intensidades, concentraciones o niveles de presencia.

c) Los procedimientos para la utilización de los agentes citados anteriormente que no influyan en la generación de los riesgos mencionados.

d) Todas aquellas otras características del trabajo, excluidas las relativas a su organización y ordenación, que influyan en la magnitud de los riesgos a que esté expuesto el trabajador.

7. El derecho básico reconocido a los trabajadores por la Ley 31/1995, de 8 de noviembre, es:

a) La vigilancia de su estado de salud.

b) Una protección eficaz en materia de seguridad y salud en el trabajo.

c) La formación en materia preventiva.

d) La información, consulta y participación de los trabajadores.

8. Entre los principios de la acción preventiva recogidos por el artículo 15 de la Ley de Prevención de Riesgos Laborales, no figura:

a) Evitar los riesgos.

b) Evaluar los riesgos que se puedan evitar.

c) Tener en cuenta la evolución de la técnica.
d) Dar las debidas instrucciones a los trabajadores.

9. La prevención de riesgos laborales deberá integrarse en el sistema general de gestión de la empresa a través de:

a) La política preventiva.
b) El plan de prevención.
c) El consenso de las partes.
d) El poder de decisión del empresario.

10. Podrán realizar el plan de prevención de riesgos laborales, la evaluación de riesgos y la planificación de la actividad preventiva de forma simplificada, en atención a la naturaleza y peligrosidad de las actividades realizadas, empresas cuyo número de trabajadores no exceda de:

a) 30.
b) 50.
c) 80.
d) 100.

11. En relación con la vigilancia de la salud que ha de garantizar el empresario, el acceso a la información médica de carácter personal:

a) Se limitará al empresario y a los Servicios de Prevención propios.
b) Se limitará al Jefe inmediato del trabajador.
c) Sólo será accesible al propio trabajador.
d) Se limitará al personal médico y a las autoridades sanitarias que lleven a cabo la vigilancia.

12. En relación con la vigilancia de la salud, no es cierto que:

a) El derecho a la vigilancia periódica del estado de salud puede prolongarse más allá de la finalización de la relación laboral.
b) Las medidas de vigilancia y control se llevarán a cabo por personal sanitario.
c) Los resultados de la vigilancia de la salud serán comunicados a los representantes de los trabajadores.
d) Se deberá optar por la realización de aquellos reconocimientos o pruebas que causen las menores molestias al trabajador.

13. El posible cambio de puesto de trabajo con riesgo para una trabajadora embarazada:

a) Deberá realizarse en caso de imposibilidad de adaptación del propio puesto.
b) Se hará previo informe en tal sentido del Servicio de Prevención.

c) Se determinará por el empresario, y dará información a los representantes de los trabajadores.

d) Se extenderá al período de lactancia.

14. ¿Cuándo se deben utilizar los equipos de protección individual?

a) Siempre.

b) Cuando los riesgos no hayan sido evaluados.

c) Cuando los riesgos no se puedan evitar o no puedan limitarse.

d) Cuando el trabajador lo estime oportuno.

15. Según el artículo 19 de la Ley de Prevención de Riesgos Laborales, la formación teórica y práctica en materia preventiva deberá:

a) Impartirse en horario dentro de la jornada de trabajo.

b) Impartirse por igual en jornada de trabajo y fuera del horario de trabajo.

c) Impartirse, siempre que sea posible, dentro de la jornada de trabajo o, en su defecto, en otras horas, pero con el descuento en aquella del tiempo invertido en la misma.

d) La formación teórica siempre debe ser en horario dentro de la jornada de trabajo y la formación práctica puede impartirse tanto dentro como fuera de la jornada de trabajo.

16. Las trabajadoras embarazadas, ¿tienen derecho a ausentarse del trabajo para la realización de exámenes prenatales y técnicas de preparación al parto?

a) Sí, con derecho a remuneración, previo aviso al empresario y justificación de la necesidad de su realización dentro de la jornada de trabajo.

b) Sí, con derecho a remuneración, sin necesidad de avisar al empresario ni justificar la necesidad de su realización dentro de la jornada de trabajo.

c) Sí, sin derecho a remuneración, previo aviso al empresario y justificación de la necesidad de su realización dentro de la jornada de trabajo.

d) No, en ningún caso.

17. El empresario deberá constituir un servicio de prevención propio siempre que se trate de empresas que cuenten con:

a) Más de 500 trabajadores.

b) Menos de 250 trabajadores.

c) Más de 250 trabajadores.

d) Más de 250 y menos de 500 trabajadores.

En MADTEST tienes **más preguntas de este tema,** y todos tus avances quedan registrados y se reflejan en el ranking.

¡Supera tus límites con MADTEST!

A continuación te presentamos algunos ejemplos de preguntas comentadas:

18. Según la Ley de Prevención de Riesgos Laborales, es obligación de los trabajadores en materia de prevención de riesgos:

a) La protección eficaz en materia de seguridad y salud en el trabajo.

b) Utilizar correctamente los medios y equipos de protección facilitados por el empresario, de acuerdo con las instrucciones recibidas de éste.

c) Soportar el coste de las medidas relativas a la seguridad y la salud en el trabajo.

d) Desarrollar una acción permanente de seguimiento de la actividad preventiva.

Respuesta correcta: b) Utilizar correctamente los medios y equipos de protección facilitados por el empresario, de acuerdo con las instrucciones recibidas de éste.

Tal como establece el artículo 29 de la Ley 31/1995, corresponde a cada trabajador velar, según sus posibilidades y mediante el cumplimiento de las medidas de prevención que en cada caso sean adoptadas, por su propia seguridad y salud en el trabajo y por la de aquellas otras personas a las que pueda afectar su actividad profesional, a causa de sus actos y omisiones en el trabajo, de conformidad con su formación y las instrucciones del empresario.

19. Cuando los trabajadores estén expuestos a un riesgo grave e inminente con ocasión de su trabajo, y el empresario no adopte o no permita la adopción de las medidas necesarias para garantizar la seguridad y la salud de los trabajadores, la Ley 31/1995, de 8 de noviembre, de Prevención de Riesgos Laborales prevé que:

a) Los trabajadores afectados podrán paralizar la actividad.

b) El órgano de representación del personal instará formalmente al empresario a la adopción de las medidas necesarias.

c) Los Delegados de Prevención lo comunicarán a la autoridad laboral, que adoptará las medidas necesarias.

d) El órgano de representación de personal podrá acordar la paralización de la actividad.

Respuesta correcta: d) El órgano de representación de personal podrá acordar la paralización de la actividad.

La Ley 31/1995 de Prevención de Riesgos Laborales, en su artículo 21, establece que, ante un riesgo grave e inminente, cuando el empresario no adopta las medidas necesarias, el órgano de representación de los trabajadores puede acordar la paralización de la actividad, medida que debe comunicarse de forma inmediata al empresario y a la autoridad laboral. Aunque los trabajadores pueden interrumpir su actividad y abandonar el lugar de trabajo si existe dicho riesgo, la paralización formal de la actividad corresponde al órgano de representación del personal.

20. El art. 21 de la LPRL establece los requisitos y el procedimiento para que los representantes legales de los trabajadores acuerden la paralización de la actividad de los trabajadores que están o puedan estar expuestos a un riesgo grave e inminente si el empresario no adopta las medidas necesarias para garantizar la seguridad y salud de los trabajadores. La medida será adoptada por:

a) Acuerdo por mayoría absoluta de sus miembros. Tal acuerdo será comunicado de inmediato a la empresa y a la autoridad laboral, la cual, en el plazo de 48 horas, anulará o ratificará la paralización acordada.

b) Acuerdo por mayoría de 2/3 de sus miembros. Tal acuerdo será comunicado de inmediato a la empresa y a la autoridad laboral, la cual, en el plazo de 24 horas, anulará o ratificará la paralización acordada.

c) Acuerdo por mayoría de sus miembros. Tal acuerdo será comunicado de inmediato a la empresa y a la autoridad laboral, la cual, en el plazo de 48 horas, anulará o ratificará la paralización acordada.

d) Acuerdo por mayoría de sus miembros. Tal acuerdo será comunicado de inmediato a la empresa y a la autoridad laboral, la cual, en el plazo de 24 horas, anulará o ratificará la paralización acordada.

Respuesta correcta: d) Acuerdo por mayoría de sus miembros. Tal acuerdo será comunicado de inmediato a la empresa y a la autoridad laboral, la cual, en el plazo de 24 horas, anulará o ratificará la paralización acordada.

El artículo 21 de la Ley 31/1995 de Prevención de Riesgos Laborales establece que, ante un riesgo grave e inminente, cuando el empresario no adopta las medidas necesarias, los representantes legales de los trabajadores pueden acordar la paralización de la actividad mediante acuerdo por mayoría de sus miembros. Dicho acuerdo debe comunicarse de forma inmediata al empresario y a la autoridad laboral, que dispone de un plazo máximo de 24 horas para ratificar o anular la medida adoptada.

Solución al test n.º 6

1. a) La posibilidad de que un trabajador sufra un determinado daño derivado del trabajo.

2. c) Conjunto de actividades o medidas adoptadas o previstas en todas las fases de actividad de la empresa con el fin de evitar o disminuir los riesgos derivados del trabajo.

3. c) Las enfermedades, patologías o lesiones sufridas con motivo u ocasión del trabajo.

4. b) La naturaleza de los agentes físicos, químicos y biológicos presentes en el ambiente de trabajo y sus correspondientes intensidades, concentraciones o niveles de presencia además de las instalaciones, incluidas las características organizativas del trabajo.

5. a) La probabilidad de que se produzca.

6. b) La naturaleza de los agentes físicos, químicos y biológicos presentes en el ambiente de trabajo y sus correspondientes intensidades, concentraciones o niveles de presencia.

7. b) Una protección eficaz en materia de seguridad y salud en el trabajo.

8. b) Evaluar los riesgos que se puedan evitar.

9. b) El plan de prevención.

10. b) 50.

11. d) Se limitará al personal médico y a las autoridades sanitarias que lleven a cabo la vigilancia.

12. c) Los resultados de la vigilancia de la salud serán comunicados a los representantes de los trabajadores.

13. a) Deberá realizarse en caso de imposibilidad de adaptación del propio puesto.

14. c) Cuando los riesgos no se puedan evitar o no puedan limitarse.

15. c) Impartirse, siempre que sea posible, dentro de la jornada de trabajo o, en su defecto, en otras horas, pero con el descuento en aquella del tiempo invertido en la misma.

16. a) Sí, con derecho a remuneración, previo aviso al empresario y justificación de la necesidad de su realización dentro de la jornada de trabajo.

17. a) Más de 500 trabajadores.

18. b) Utilizar correctamente los medios y equipos de protección facilitados por el empresario, de acuerdo con las instrucciones recibidas de éste.

19. d) El órgano de representación de personal podrá acordar la paralización de la actividad.

20. d) Acuerdo por mayoría de sus miembros. Tal acuerdo será comunicado de inmediato a la empresa y a la autoridad laboral, la cual, en el plazo de 24 horas, anulará o ratificará la paralización acordada.

El principio de igualdad y la tutela contra la discriminación en la Ley Orgánica 3/2007, de 22 de marzo. Planes de igualdad: concepto y contenido. El acoso por razón de sexo en el trabajo en la Ley 7/2007, de 4 de abril

1. Según su artículo 1, la LO 3/2007 tiene por objeto hacer efectivo el derecho de:

a) Conciliación de la vida laboral y familiar de mujeres y hombres.
b) Igualdad de trato y de oportunidades entre mujeres y hombres.
c) Participación en los asuntos públicos en igualdad de condiciones.
d) No discriminación por razón de sexo.

2. Las obligaciones establecidas en la LO 3/2007 son de aplicación a:

a) A toda persona, física o jurídica, que se encuentre o actúe en territorio español, cualquiera que fuese su nacionalidad, domicilio o residencia.
b) A todos los ciudadanos españoles, ya sea en territorio español o territorio de cualquier país extranjero.
c) A toda persona, física o jurídica, que se encuentre o actúe en territorio español, con nacionalidad española.
d) A toda persona, física o jurídica, que resida en territorio español, cualquiera que fuese su nacionalidad.

3. Según el artículo 4 de la LO 3/2007, la igualdad de trato y de oportunidades entre mujeres y hombres:

a) Es un deber de las Administraciones Públicas.
b) Es una fuente formal del Derecho.
c) Es un principio informador del ordenamiento jurídico.
d) Es un objetivo fundamental del procedimiento administrativo.

4. El principio de igualdad de trato y de oportunidades entre mujeres y hombres:

a) Sólo se aplica en el ámbito del empleo público.
b) Se garantizará incluso en el acceso al trabajo por cuenta propia.

c) No se aplica en la afiliación y participación en organizaciones sindicales o empresariales.
d) Se garantizará en los términos que prevean los convenios colectivos.

5. La situación en que se encuentra una persona que sea, haya sido o pudiera ser tratada, en atención a su sexo, de manera menos favorable que otra en situación comparable, se considera:

a) Discriminación directa.
b) Acoso sexual.
c) Discriminación indirecta.
d) Violencia de género.

6. Una diferencia de trato basada en una característica relacionada con el sexo ¿constituye discriminación en el acceso al empleo?

a) Sí, en todo caso.
b) No, siempre que la formación necesaria se base en dicha característica.
c) No, siempre que dicha característica constituya un requisito profesional esencial y determinante.
d) No, si debido a la naturaleza de las actividades profesionales concretas o al contexto en el que se lleven a cabo, dicha característica constituya un requisito profesional esencial y determinante, siempre y cuando el objetivo sea legítimo y el requisito proporcionado.

7. En virtud del artículo 6.2 de la LO 3/2007, la situación en que una disposición, criterio o práctica aparentemente neutros pone a personas de un sexo en desventaja particular con respecto a personas del otro:

a) En cualquier caso constituirá discriminación directa.
b) En cualquier caso constituirá discriminación indirecta.
c) No se considera discriminación indirecta si dicha disposición, criterio o práctica pueden justificarse objetivamente en atención a una finalidad legítima y los medios para alcanzar dicha finalidad son necesarios y adecuados.
d) En ningún caso podrá considerarse discriminación.

8. Conforme al artículo 6.3 de la LO 3/2007, toda orden de discriminar por razón de sexo:

a) Sólo se considera discriminatoria si se ordena discriminar directamente.
b) En ningún caso se puede considerar discriminatoria.
c) Sólo se considera discriminatoria si ordena una discriminación indirecta.
d) En cualquier caso se considera discriminatoria, sea directa o indirecta.

9. A los efectos de la LO 3/2007, definimos como acoso sexual:

a) Cualquier comportamiento realizado en función del sexo de una persona, con el propósito o el efecto de atentar contra su dignidad y de crear un entorno intimidatorio, degradante u ofensivo.

b) La situación en que una disposición, criterio o práctica aparentemente neutros pone a personas de un sexo en desventaja particular con respecto a personas del otro, salvo que dicha disposición, criterio o práctica puedan justificarse objetivamente en atención a una finalidad legítima y que los medios para alcanzar dicha finalidad sean necesarios y adecuados.

c) Todo trato desfavorable a las mujeres relacionado con el embarazo o la maternidad.

d) Cualquier comportamiento, verbal o físico, de naturaleza sexual que tenga el propósito o produzca el efecto de atentar contra la dignidad de una persona, en particular cuando se crea un entorno intimidatorio, degradante u ofensivo.

10. Según el artículo 8 de la LO 3/2007, todo trato desfavorable a las mujeres relacionado con el embarazo o la maternidad constituye:

a) Acoso sexual.
b) Acoso por razón de sexo.
c) Discriminación directa por razón de sexo.
d) Discriminación indirecta por razón de sexo.

11. Cualquier comportamiento realizado en función del sexo de una persona, con el propósito o el efecto de atentar contra su dignidad y de crear un entorno intimidatorio, degradante u ofensivo, constituye:

a) Discriminación directa.
b) Acoso sexual.
c) Acoso por razón de sexo.
d) Discriminación indirecta.

12. Conforme al artículo 7.4 de la LO 3/2007, el condicionamiento de un derecho o de una expectativa de derecho a la aceptación de una situación constitutiva de acoso sexual o de acoso por razón de sexo se considerará:

a) Acto de discriminación por razón de sexo.
b) Creación de un entorno intimidatorio, degradante u ofensivo.
c) Anulable y sin efecto.
d) Indemnizable.

13. La capacidad y la legitimación para intervenir en los procesos civiles, sociales y contencioso-administrativos que versen sobre la defensa del derecho de igualdad entre mujeres y hombres, corresponden a:

a) La persona acosada, únicamente.
b) Cualquier ciudadano.
c) Las personas físicas y jurídicas con interés legítimo.
d) Cualquier persona jurídica.

14. La persona acosada será la única legitimada en los litigios:

a) Sobre discriminación directa.
b) Sobre acoso sexual y acoso por razón de sexo.
c) Sobre acoso sexual únicamente.
d) Únicamente sobre acoso por razón de sexo.

15. Un criterio general de actuación de los Poderes Públicos, según el artículo 14 de la LO 3/2007, es el establecimiento de medidas que aseguren la .... del trabajo y de la vida personal y familiar de las mujeres y los hombres, así como el fomento de la .... en las labores domésticas y en la atención a la familia. Qué dos palabras completan acertadamente la frase anterior:

a) Conciliación y corresponsabilidad.
b) Estabilidad y cooperación.
c) Corresponsabilidad y cooperación.
d) Estabilidad y conciliación.

16. Con el fin de hacer efectivo el derecho constitucional de la igualdad, los Poderes Públicos adoptarán medidas específicas en favor de las mujeres para corregir situaciones patentes de desigualdad de hecho respecto de los hombres. Tales medidas, que serán aplicables en tanto subsistan dichas situaciones, habrán de ser en relación con el objetivo perseguido en cada caso razonables y:

a) Justificadas.
b) Autorizadas judicialmente.
c) Transparentes.
d) Proporcionadas.

17. Conforme al artículo 12 de la LO 3/2007, cualquier persona podrá recabar de los tribunales la tutela del derecho a la igualdad entre mujeres y hombres, de acuerdo con lo establecido en el artículo 53.2 de la Constitución:

a) Siempre que la relación en la que supuestamente se produce la discriminación se encuentre vigente.
b) Incluso tras la terminación de la relación en la que supuestamente se ha producido la discriminación.
c) Siempre que se haya dado por terminada la relación en la que supuestamente se produce la discriminación.
d) A menos que se haya procedido a la suspensión de la relación en la que supuestamente se produce la discriminación.

En MADTEST tienes **más preguntas de este tema,** y todos tus avances quedan registrados y se reflejan en el ranking.

¡Supera tus límites con MADTEST!

A continuación te presentamos algunos ejemplos de preguntas comentadas:

18. En virtud del artículo 9 de la LO 3/2007, cualquier trato adverso o efecto negativo que se produzca en una persona como consecuencia de la presentación por su parte de queja, reclamación, denuncia, demanda o recurso, de cualquier tipo, destinados a impedir su discriminación y a exigir el cumplimiento efectivo del principio de igualdad de trato entre mujeres y hombres, se considerará:

a) Discriminación directa.
b) Discriminación por razón de sexo.
c) Injustificado.
d) Acoso sexual.

Respuesta correcta: b) Discriminación por razón de sexo.

Dispone el artículo 9 de la LO 3/2007 que también se considerará discriminación por razón de sexo cualquier trato adverso o efecto negativo que se produzca en una persona como consecuencia de la presentación por su parte de queja, reclamación, denuncia, demanda o recurso, de cualquier tipo, destinados a impedir su discriminación y a exigir el cumplimiento efectivo del principio de igualdad de trato entre mujeres y hombres.

19. Para prevenir la realización de conductas discriminatorias en los actos y las cláusulas de los negocios jurídicos, el artículo 10 de la LO 3/2007 prevé la existencia de un sistema de sanciones eficaz y:

a) Proporcionado.
b) Comprensible.
c) Cuantificable.
d) Disuasorio.

Respuesta correcta: d) Disuasorio.

Conforme al artículo 10 de la LO 3/2007, los actos y las cláusulas de los negocios jurídicos que constituyan o causen discriminación por razón de sexo se considerarán nulos y sin efecto, y darán lugar a responsabilidad a través de un sistema de reparaciones o indemnizaciones que sean reales, efectivas y proporcionadas al perjuicio sufrido, así como, en su caso, a través de un sistema eficaz y disuasorio de sanciones que prevenga la realización de conductas discriminatorias.

20. Según el artículo 10 de la LO 3/2007, los actos y las cláusulas de los negocios jurídicos que constituyan o causen discriminación por razón de sexo se considerarán:

a) Válidos, pero anulables.
b) Nulos y sin efecto.
c) Ilegales.
d) Nulos, pero con efectos.

Respuesta correcta: b) Nulos y sin efecto.

El artículo 10 de la LO 3/2007 señala que los actos y las cláusulas de los negocios jurídicos que constituyan o causen discriminación por razón de sexo se considerarán nulos y sin efecto.

Solución al test n.º 7

1. b) Igualdad de trato y de oportunidades entre mujeres y hombres.

2. a) A toda persona, física o jurídica, que se encuentre o actúe en territorio español, cualquiera que fuese su nacionalidad, domicilio o residencia.

3. c) Es un principio informador del ordenamiento jurídico.

4. b) Se garantizará incluso en el acceso al trabajo por cuenta propia.

5. a) Discriminación directa.

6. d) No, si debido a la naturaleza de las actividades profesionales concretas o al contexto en el que se lleven a cabo, dicha característica constituya un requisito profesional esencial y determinante, siempre y cuando el objetivo sea legítimo y el requisito proporcionado.

7. c) No se considera discriminación indirecta si dicha disposición, criterio o práctica pueden justificarse objetivamente en atención a una finalidad legítima y los medios para alcanzar dicha finalidad son necesarios y adecuados.

8. d) En cualquier caso se considera discriminatoria, sea directa o indirecta.

9. d) Cualquier comportamiento, verbal o físico, de naturaleza sexual que tenga el propósito o produzca el efecto de atentar contra la dignidad de una persona, en particular cuando se crea un entorno intimidatorio, degradante u ofensivo.

10. c) Discriminación directa por razón de sexo.

11. c) Acoso por razón de sexo.

12. a) Acto de discriminación por razón de sexo.

13. c) Las personas físicas y jurídicas con interés legítimo.

14. b) Sobre acoso sexual y acoso por razón de sexo.

15. a) Conciliación y corresponsabilidad.

16. d) Proporcionadas.

17. b) Incluso tras la terminación de la relación en la que supuestamente se ha producido la discriminación.

18. b) Discriminación por razón de sexo.

19. d) Disuasorio.

20. b) Nulos y sin efecto.

TEST
PARTE ESPECÍFICA

TEST N.º 1

La cocina hospitalaria: concepto. Condiciones estructurales básicas de los locales y las instalaciones. Zonas de sucio y de limpio. La cadena alimentaria, principio de marcha adelante, circuitos de trabajo. Distribución funcional de las cocinas hospitalarias

1. ¿Cuál de las siguientes afirmaciones NO corresponde a la modalidad de internalización o autogestión de una Cocina Hospitalaria?

a) La gestión del servicio es responsabilidad exclusiva del Hospital.
b) Puede existir una modalidad centralizada y otra descentralizada.
c) La elaboración de la comida se realiza en instalaciones de una empresa privada ajena al hospital.
d) En la cocina centralizada, producción, conservación, emplatado y distribución se realizan en el hospital.

2. En la modalidad de unidad de producción mixta dentro de la externalización, se caracteriza por:

a) La elaboración exclusiva por parte del personal del hospital y provisión interna de materias primas.
b) La elaboración conjunta entre personal del hospital y de la empresa externa, correspondiendo a esta última la provisión de materias primas.
c) La gestión exclusiva del hospital con provisión externa de materias primas.
d) La elaboración íntegra en instalaciones externas con posterior transporte al hospital.

3. ¿Cuál de los siguientes elementos forma parte de la dotación específica del cuarto frío?

a) Horno mixto de convección-vapor.
b) Salamandra de gratinado.
c) Cámaras frigoríficas con departamentos separados para carnes, pescados y hortalizas.
d) Freidora industrial de alta capacidad.

4. ¿Cuál de las siguientes condiciones debe cumplir la ventilación en una Cocina Hospitalaria Centralizada?

a) Permitir la circulación de aire desde las zonas sucias hacia las zonas limpias.
b) Limitarse únicamente a la evacuación de humos generados durante la cocción.
c) Prescindir de sistemas de renovación de aire cuando exista ventilación natural.
d) Disponer de un sistema de renovación de aire que evacúe humos y vapores, asegurando flujos desde zonas limpias hacia zonas sucias.

5. ¿Cuál es el objetivo del principio de "marcha adelante" en una cocina hospitalaria centralizada?

a) Permitir que los alimentos regresen a zonas anteriores si es necesario.
b) Organizar las tareas en un sentido progresivo, evitando cruces entre zonas limpias y sucias.
c) Reducir exclusivamente el tiempo de preparación de las dietas.
d) Concentrar todas las operaciones en una única zona de trabajo.

6. ¿Cuál de las siguientes funciones corresponde a la Partida de Salsero en una Cocina Hospitalaria?

a) Elaboración de platos de carnes y aves de caza, así como salsas calientes.
b) Preparación de primeros platos calientes y guarniciones.
c) Limpieza y fraccionamiento de pescados y aves.
d) Conservación de alimentos perecederos y elaboración de platos fríos.

7. ¿Cuál es una característica organizativa del proceso de emplatado en una cocina hospitalaria?

a) Se realiza de forma estática, deteniendo la línea cada vez que se completa una bandeja.
b) Se efectúa mediante una cinta móvil que avanza en un único sentido sin detenerse.
c) Se distribuyen las raciones directamente en carros sin sistema intermedio.
d) Se realiza después de aplicar un sistema de conservación en frío inmediato.

8. ¿Qué caracteriza la distribución en "L" dentro del diseño de una cocina hospitalaria?

a) La entrada y salida de productos se sitúan en el mismo punto para facilitar el control.
b) Se establece un recorrido circular completo sin cambios de dirección.
c) La entrada de materia prima y la salida de platos elaborados se ubican en puntos opuestos, produciéndose un ángulo en el recorrido para aprovechar el espacio.
d) La circulación se realiza en doble sentido para optimizar tiempos.

9. ¿Cuál de las siguientes afirmaciones es correcta respecto a la zona de recepción en una cocina hospitalaria?

a) Las básculas deben situarse alejadas de la entrada para evitar interferencias.
b) El sistema informatizado de control debe interrumpir el paso de carros para facilitar la supervisión.
c) Los toros mecánicos deben tener una ubicación fija y permanente en la zona de paso.
d) La zona se ubicará preferentemente en planta baja, próxima a almacenes y cámaras, con básculas situadas a la entrada.

10. ¿Cuál de las siguientes disposiciones es correcta en la zona de elaboración de una cocina hospitalaria?

a) Colocar planchas y freidoras alejadas de la zona de distribución para reducir el tránsito.
b) Instalar equipos de calor junto a cámaras de conservación para optimizar el espacio.
c) Agrupar máquinas sin considerar el sistema de cocción que utilizan.
d) Situar planchas y freidoras próximas a la zona de distribución para facilitar el servicio inmediato.

11. ¿Cuál de las siguientes afirmaciones es correcta respecto al sistema de aire acondicionado y extracción en una cocina hospitalaria?

a) El climatizador puede utilizar aire de retorno para mejorar la eficiencia energética.
b) Las campanas de extracción deben instalarse a más de 2 metros sobre la superficie de cocción.
c) El climatizador será de uso exclusivo para la cocina y sin aire de retorno.
d) Los conductos de extracción deben incluir múltiples tramos horizontales para facilitar el montaje.

12. ¿Qué se entiende por trazabilidad en el contexto de la cadena alimentaria?

a) La eliminación de intermediarios en la distribución de alimentos.
b) La conservación de los alimentos únicamente en la fase final de consumo.
c) El seguimiento e identificación del alimento en todas las fases por las que transcurre hasta el consumidor.
d) La manipulación exclusiva del alimento en condiciones de refrigeración.

13. ¿Cuál de los siguientes circuitos se considera un circuito limpio en la cocina hospitalaria?

a) Circuito de alimentos elaborados desde su elaboración hasta su distribución.
b) Circuito de residuos generados en la cocina.
c) Circuito de materia prima desde la recepción hasta su acondicionamiento.
d) Circuito de material utilizado por el usuario antes del lavado.

14. En relación con la organización de los circuitos de trabajo en una cocina hospitalaria, señale la afirmación INCORRECTA:

a) Los circuitos limpio y sucio deben estar diferenciados para evitar contaminación cruzada.

b) El circuito de residuos forma parte del circuito sucio y no debe interferir con la manipulación de alimentos.

c) Los utensilios pueden utilizarse indistintamente en ambos circuitos siempre que se sometan posteriormente a un lavado adecuado.

d) En caso de utilizar un mismo acceso para ambos circuitos, debe establecerse una separación temporal que impida coincidencias.

15. ¿Cuál de las siguientes funciones corresponde al Cocinero/a en el ámbito hospitalario?

a) Ocuparse de la condimentación de los víveres conforme al menú y regímenes alimenticios establecidos.

b) Realizar el aseo de camas del personal masculino de la institución.

c) Vigilar la entrada y salida de artículos alimenticios en la despensa.

d) Asumir la jefatura del personal de lavandería por delegación administrativa.

16. ¿Cuál de las siguientes responsabilidades corresponde a la Gobernanta?

a) Preparar los víveres para su condimentación bajo las órdenes del cocinero.

b) Encender y mantener los hornos y hogares de la cocina.

c) Vigilar la entrada, salida y conservación de los artículos alimenticios en la despensa.

d) Realizar la limpieza de los útiles de cocina y comedor en planta.

17. ¿Cuál de las siguientes actividades forma parte de las responsabilidades del Pinche de cocina?

a) Dirigir la organización del servicio de despensa.

b) Preparar hortalizas en crudo y colaborar en la elaboración de acompañamientos.

c) Establecer los menús y regímenes alimenticios del centro.

d) Autorizar la salida de víveres mediante vales de almacén.

En MADTEST tienes **más preguntas de este tema,** y todos tus avances quedan registrados y se reflejan en el ranking.

¡Supera tus límites con MADTEST!

A continuación te presentamos algunos ejemplos de preguntas comentadas:

18. En relación con la organización de la zona de lavado dentro de la Unidad de Cocina, señale la afirmación correcta:

a) El traslado de los carros con restos de comida puede coincidir espacialmente con el circuito limpio si se realiza rápidamente.

b) Los residuos orgánicos pueden permanecer en la zona de lavado hasta el final de la jornada si están correctamente embolsados.

c) La entrada de los carros del circuito sucio debe realizarse por un acceso diferente al de salida de los carros de comida, evitando cruces que puedan contaminar alimentos.

d) El desbarase de bandejas no requiere el uso de guantes si los restos se eliminan inmediatamente.

Respuesta correcta: c) La entrada de los carros del circuito sucio debe realizarse por un acceso diferente al de salida de los carros de comida, evitando cruces que puedan contaminar alimentos.

La zona de lavado forma parte del circuito sucio dentro de la Unidad de Cocina y debe estar organizada de manera que no interfiera con el circuito limpio, destinado a la preparación y distribución de alimentos. La separación física o, en su defecto, temporal de ambos circuitos evita riesgos de contaminación cruzada. Los restos de comida constituyen residuos orgánicos con alta carga microbiológica y deben retirarse con rapidez, almacenarse en condiciones adecuadas y manipularse utilizando equipos de protección como guantes. Asimismo, la correcta disposición de accesos diferenciados y la limpieza y desinfección de contenedores y utensilios contribuyen al mantenimiento de condiciones higiénico-sanitarias adecuadas dentro del servicio.

19. ¿Cuál de las siguientes funciones corresponde al Cocinero/a en el ámbito hospitalario?

a) Ejecutar operaciones de manipulación, preparación, conservación y presentación de alimentos aplicando normas de seguridad e higiene.

b) Realizar exclusivamente tareas de limpieza de utensilios y maquinaria.

c) Controlar la entrada y salida de artículos en la despensa sin intervenir en la elaboración.

d) Asumir la jefatura del personal de lavandería y costura.

Respuesta correcta: a) Ejecutar operaciones de manipulación, preparación, conservación y presentación de alimentos aplicando normas de seguridad e higiene.

Entre las responsabilidades del Cocinero/a se encuentra la ejecución integral de las operaciones culinarias, desde la manipulación hasta la presentación de alimentos, incluyendo su conservación. Estas tareas deben desarrollarse aplicando las normas de seguridad e higiene laboral, y orientadas al cumplimiento de los objetivos de calidad establecidos.

20. ¿Cuál de las siguientes actuaciones forma parte de las actividades desarrolladas por el Cocinero/a?

a) Limpiar exclusivamente las instalaciones sin intervenir en la elaboración culinaria.

b) Preparar únicamente hortalizas en crudo bajo supervisión directa.

c) Comprobar que las materias primas recibidas se corresponden con el pedido y cumplen las especificaciones.

d) Realizar el traslado de ropas dentro de la institución.

Respuesta correcta: c) Comprobar que las materias primas recibidas se corresponden con el pedido y cumplen las especificaciones.

El Cocinero/a participa en la solicitud, recepción y almacenamiento de mercancías, verificando que las materias primas coinciden con el pedido efectuado y cumplen los requisitos establecidos. Asimismo, debe tener en cuenta previsiones de producción, existencias y niveles de stock, integrando estas tareas dentro del proceso organizativo de la cocina hospitalaria.

Solución al test n.º 1

1. c) La elaboración de la comida se realiza en instalaciones de una empresa privada ajena al hospital.

2. b) La elaboración conjunta entre personal del hospital y de la empresa externa, correspondiendo a esta última la provisión de materias primas.

3. c) Cámaras frigoríficas con departamentos separados para carnes, pescados y hortalizas.

4. d) Disponer de un sistema de renovación de aire que evacúe humos y vapores, asegurando flujos desde zonas limpias hacia zonas sucias.

5. b) Organizar las tareas en un sentido progresivo, evitando cruces entre zonas limpias y sucias.

6. a) Elaboración de platos de carnes y aves de caza, así como salsas calientes.

7. b) Se efectúa mediante una cinta móvil que avanza en un único sentido sin detenerse.

8. c) La entrada de materia prima y la salida de platos elaborados se ubican en puntos opuestos, produciéndose un ángulo en el recorrido para aprovechar el espacio.

9. d) La zona se ubicará preferentemente en planta baja, próxima a almacenes y cámaras, con básculas situadas a la entrada.

10. d) Situar planchas y freidoras próximas a la zona de distribución para facilitar el servicio inmediato.

11. c) El climatizador será de uso exclusivo para la cocina y sin aire de retorno.

12. c) El seguimiento e identificación del alimento en todas las fases por las que transcurre hasta el consumidor.

13. a) Circuito de alimentos elaborados desde su elaboración hasta su distribución.

14. c) Los utensilios pueden utilizarse indistintamente en ambos circuitos siempre que se sometan posteriormente a un lavado adecuado.

15. a) Ocuparse de la condimentación de los víveres conforme al menú y regímenes alimenticios establecidos.

16. c) Vigilar la entrada, salida y conservación de los artículos alimenticios en la despensa.

17. b) Preparar hortalizas en crudo y colaborar en la elaboración de acompañamientos.

18. c) La entrada de los carros del circuito sucio debe realizarse por un acceso diferente al de salida de los carros de comida, evitando cruces que puedan contaminar alimentos.

19. a) Ejecutar operaciones de manipulación, preparación, conservación y presentación de alimentos aplicando normas de seguridad e higiene.

20. c) Comprobar que las materias primas recibidas se corresponden con el pedido y cumplen las especificaciones.

TEST N.º 2

Maquinaria, herramientas y utensilios en las cocinas de colectividades, descripción uso y limpieza. Nuevas tecnologías en la producción y distribución de comidas en colectividades

1. ¿Qué se entiende por batería de cocina en el ámbito de las cocinas de colectividades?

a) Conjunto fijo de maquinaria pesada destinada exclusivamente a la cocción.
b) Conjunto de utensilios móviles utilizados para la preparación, cocción y conservación de alimentos.
c) Sistema eléctrico que alimenta los equipos térmicos de cocina.
d) Agrupación de herramientas destinadas únicamente a la manipulación en frío.

2. ¿Cuál de las siguientes afirmaciones es correcta respecto a los materiales en contacto con alimentos?

a) Pueden transferir componentes al alimento sin limitación si no producen efectos inmediatos.
b) El cobre puede utilizarse indistintamente para cocción y conservación prolongada.
c) No existe regulación específica sobre la migración de componentes al alimento.
d) Deben ser inertes y no transferir sustancias en cantidades que supongan riesgo para la salud o alteren el alimento.

3. ¿Cuál de las siguientes afirmaciones es correcta respecto al aluminio como material de batería de cocina?

a) Es un material inalterable apto para la conservación prolongada de alimentos ácidos.
b) Puede alterarse al contacto con grasas o ácidos, afectando al color y sabor de los alimentos.
c) Es altamente resistente y adecuado para batir preparaciones en su interior.
d) No se emplea en aleación con otros metales.

4. En relación con los materiales poliméricos utilizados en contacto con alimentos, ¿qué requisito deben cumplir según la normativa aplicable?

a) Incorporar aditivos sin limitación siempre que mejoren la resistencia.
b) Transferir pequeñas cantidades de componentes si no alteran el sabor.
c) No ceder sus constituyentes a los alimentos en cantidades superiores a los límites establecidos.
d) Ser exclusivamente de origen natural sin modificación química.

5. Desde el punto de vista funcional, los materiales poliméricos empleados en cocina colectiva se caracterizan por:

a) Ser exclusivamente metálicos con recubrimiento sintético.
b) Estar formados por compuestos macromoleculares orgánicos que pueden incluir aditivos.
c) Utilizarse únicamente en procesos de cocción a alta temperatura.
d) Carecer de regulación específica sobre migración de componentes.

6. ¿Para qué tipo de elaboraciones está especialmente indicado el rondón en cocina colectiva?

a) Frituras profundas que requieran gran cantidad de aceite.
b) Conservación prolongada de alimentos ácidos.
c) Cocción de productos delicados evitando su amontonamiento, así como hervidos y braseados de pescado.
d) Preparaciones que necesiten gran altura de recipiente para evaporación lenta.

7. ¿Qué característica define el uso principal de la lubinera en cocina colectiva?

a) Recipiente profundo destinado a frituras de gran volumen.
b) Recipiente alargado con tapa y rejilla para cocer en caldo corto piezas enteras de pescado.
c) Utensilio exclusivo para la conservación en frío de pescados fileteados.
d) Cacerola ancha sin tapa utilizada para braseados de carne.

8. ¿A qué corresponde la denominada quinta gama en los sistemas de producción alimentaria?

a) Productos congelados no cocinados.
b) Alimentos crudos conservados por métodos tradicionales.
c) Productos limpios y envasados en atmósfera modificada.
d) Alimentos totalmente preparados, cocinados, envasados al vacío y refrigerados.

9. En un sistema mixto de producción en cocina centralizada, la aplicación de línea fría y línea caliente responde principalmente a:

a) Motivos organizativos cuando la demanda supera la capacidad productiva en determinadas franjas horarias.
b) La obligatoriedad normativa de utilizar productos de distintas gamas.

c) La necesidad de congelar todos los alimentos previamente elaborados.
d) La eliminación total de la producción en el momento del consumo.

10. ¿Qué temperatura mínima debe mantenerse en el centro del producto en un sistema de cadena caliente hasta su consumo?

a) 55 ºC.
b) 60 ºC.
c) 63 ºC.
d) 75 ºC.

11. ¿En qué situación resulta más adecuada la producción en cadena caliente?

a) Cuando es necesario transportar alimentos a grandes distancias.
b) En servicios con elevado número de comensales y producción masiva.
c) Cuando se requiere conservación prolongada previa al consumo.
d) En comedores colectivos de pequeño tamaño con consumo inmediato.

12. En el sistema de producción en cadena fría, ¿qué temperatura debe alcanzar el alimento en el centro del producto durante la regeneración previa al servicio?

a) 63 ºC.
b) 65 ºC.
c) 70 ºC.
d) 75 ºC.

13. En la cadena fría congelada (cook and freeze), ¿en qué tiempo máximo debe descender la temperatura del alimento desde 75 ºC hasta -18 ºC en el centro del producto?

a) 2 horas.
b) 3 horas.
c) 4 horas y media.
d) 6 horas.

14. ¿Cuál es la función del abatidor de temperatura en el sistema de cadena fría congelada?

a) Mantener el alimento a -18 ºC durante el almacenamiento prolongado.
b) Reducir rápidamente la temperatura del alimento cocinado hasta un máximo de 10 ºC antes de su congelación.
c) Regenerar el alimento mediante calor antes del servicio.
d) Sustituir las cámaras congeladoras durante el transporte.

15. ¿Qué tipo de fogón forma parte de un único cuerpo junto a otros elementos con funciones relacionadas?

a) Fogón integral.
b) Fogón acoplable.
c) Fogón mural.
d) Fogón central.

16. ¿Qué característica diferencia a las placas de inducción frente a las de vitrocerámica?

a) Requieren utensilios de barro para su funcionamiento.
b) Transmiten el calor primero al cristal cerámico y luego al recipiente.
c) Generan calor mediante un campo magnético directamente al recipiente metálico.
d) Mantienen la superficie caliente durante más tiempo después del uso.

17. ¿Qué medida de seguridad incorporan muchos fogones de gas propano para evitar fugas en caso de que se apague la llama?

a) Ventilación automática del área de cocción.
b) Detector de monóxido de carbono.
c) Termostato de rearme manual.
d) Válvula de seguridad que corta la salida del gas.

En MADTEST tienes **más preguntas de este tema,** y todos tus avances quedan registrados y se reflejan en el ranking.

¡Supera tus límites con MADTEST!

A continuación te presentamos algunos ejemplos de preguntas comentadas:

18. ¿Qué tipo de fogón utiliza como combustible un derivado del petróleo y suele aplicarse especialmente para freír patatas o hacer churros?

a) Fogón de gas natural.
b) Fogón de carbón mineral.
c) Fogón de gasoil.
d) Fogón eléctrico.

Respuesta correcta: c) Fogón de gasoil.

Los fogones de gasoil, fabricados generalmente en acero inoxidable, se emplean en la fritura intensiva, como en la preparación de patatas fritas o churros. Funcionan mediante quemadores de gasoil y requieren procedimientos específicos de encendido, apagado y limpieza.

19. ¿Qué tipo de fogón es menos frecuente en cocinas industriales debido a su impacto ambiental y necesidad de limpieza constante?

a) Fogón de gas propano.
b) Fogón de carbón mineral.
c) Fogón eléctrico.
d) Placa de inducción.

Respuesta correcta: b) Fogón de carbón mineral.

El carbón mineral genera gran cantidad de humo y residuos, y su combustión produce gases contaminantes como el sulfuroso. Además, requiere una limpieza intensiva. Por estos motivos, su uso está en declive en cocinas profesionales modernas.

20. ¿Qué precaución debe tomarse con los fogones eléctricos para evitar accidentes durante su mantenimiento?

a) Dejarlos encendidos mientras se enfrían.
b) Evitar el uso de aceites vegetales.
c) Desconectarlos de la red eléctrica y evitar la humedad.
d) Utilizar utensilios exclusivamente de barro o cerámica.

Respuesta correcta: c) Desconectarlos de la red eléctrica y evitar la humedad.

Los fogones eléctricos requieren precauciones adicionales como desconectar el aparato de la red cuando no se use y evitar la entrada de humedad, que podría generar cortocircuitos. Se recomienda además utilizar un suelo aislante, como tarima de madera.

Solución al test n.º 2

1. b) Conjunto de utensilios móviles utilizados para la preparación, cocción y conservación de alimentos.

2. d) Deben ser inertes y no transferir sustancias en cantidades que supongan riesgo para la salud o alteren el alimento.

3. b) Puede alterarse al contacto con grasas o ácidos, afectando al color y sabor de los alimentos.

4. c) No ceder sus constituyentes a los alimentos en cantidades superiores a los límites establecidos.

5. b) Estar formados por compuestos macromoleculares orgánicos que pueden incluir aditivos.

6. c) Cocción de productos delicados evitando su amontonamiento, así como hervidos y braseados de pescado.

7. b) Recipiente alargado con tapa y rejilla para cocer en caldo corto piezas enteras de pescado.

8. d) Alimentos totalmente preparados, cocinados, envasados al vacío y refrigerados.

9. a) Motivos organizativos cuando la demanda supera la capacidad productiva en determinadas franjas horarias.

10. c) 63 ºC.

11. d) En comedores colectivos de pequeño tamaño con consumo inmediato.

12. d) 75 ºC.

13. c) 4 horas y media.

14. b) Reducir rápidamente la temperatura del alimento cocinado hasta un máximo de 10 ºC antes de su congelación.

15. a) Fogón integral.

16. c) Generan calor mediante un campo magnético directamente al recipiente metálico.

17. d) Válvula de seguridad que corta la salida del gas.

18. c) Fogón de gasoil.

19. b) Fogón de carbón mineral.

20. c) Desconectarlos de la red eléctrica y evitar la humedad.

TEST N.º 3

La contaminación de los alimentos. Peligros de transmisión alimentaria, orígenes. Prevención, tratamientos y eliminación de los mismos. Buenas prácticas de manipulación. Contaminaciones cruzadas y manipulación de alérgenos. Sistemas de conservación de los alimentos

1. ¿Cómo se denomina la aparición en dos o más personas en un lugar específico, de una enfermedad debida a una infección?

a) Toxiinfección.
b) Brote epidemiológico.
c) Pandemia.
d) Zoonosis.

2. ¿Qué alimento puede portar el parásito causante de la triquinosis?

a) Fruta.
b) Pescado.
c) Carne.
d) Verdura.

3. Las bacterias pueden dispersarse y multiplicarse en áreas de manipulación de alimentos. Para evitarlo, se deberá:

a) Lavarse bien las manos.
b) Lavar y desinfectar superficies y menajes.
c) Utilizar tablas de cortes distintas, según tipos de alimentos.
d) Todas las respuestas anteriores son correctas.

4. ¿Es necesario establecer un registro de los controles realizados a las materias primas suministradas en las cocinas, así como de los resultados de las auditorías realizadas?

a) Si, siempre.
b) No es necesario.

c) No si los proveedores acreditan que las materias primas son adquiridas en establecimientos que cumplan los requisitos anteriores.

d) Sólo a las materias primas de empresas que no tengan auditorías realizadas.

5. ¿Cómo se denomina a la muestra representativa de las diferentes comidas preparadas servidas a los consumidores diariamente y que posibilita la realización de los estudios epidemiológicos que, en su caso, sean necesarios?

a) Plato de riesgo.
b) Comidas testigo.
c) Plato muestra.
d) Dieta.

6. Cuando un alimento crudo contaminado entra en contacto con el alimento cocinado, tendremos:

a) Contaminación cruzada directa.
b) Contaminación cruzada indirecta.
c) Contaminación cruzada mixta.
d) No habrá contaminación.

7. NO es una enfermedad alimentaria causada por parásitos:

a) Triquinosis.
b) Anisakiasis.
c) Salmonelosis.
d) Anisomiasis.

8. De acuerdo con el Real Decreto 1086/2020, de 9 de diciembre las comidas testigo se recogerán tras la elaboración y estarán claramente identificadas y fechadas, y conservadas en refrigeración:

a) Durante un mínimo de 2 días a una temperatura igual o inferior a 2ºC.
b) Durante un mínimo de 7 días a una temperatura igual o inferior a 4ºC.
c) Durante un mínimo de 3 días a una temperatura igual o inferior a 3ºC.
d) Durante un mínimo de 4 días a una temperatura igual o inferior a 5ºC.

9. La toxina del botulismo se destruye a:

a) 65 grados centígrados durante 20 minutos.
b) 80 grados centígrados durante al menos 10 minutos.
c) 70 grados centígrados durante 15 minutos.
d) 80 grados centígrados durante 5 minutos.

10. ¿Qué es el Anisakis?

a) Un virus.
b) Un parásito.
c) Una bacteria.
d) Un hongo.

11. El control inadecuado de la temperatura de los alimentos:

a) No influye nunca en los productos alimenticios ni en su posible deterioro.
b) Es una de las causas más frecuentes de enfermedades transmitidas por los productos alimenticios o del deterioro de éstos.
c) No afecta nunca a los alimentos si el control inadecuado de temperatura se realiza en su almacenamiento.
d) Sólo puede afectar a los alimentos durante el proceso de elaboración.

12. ¿Cuál de las siguientes opciones no se considera un peligro biológico?

a) Hongos.
b) Salmonella.
c) Anisakis.
d) E. Coli.

13. ¿Qué medida tecnológica puede reducir el contenido de nitratos en verduras de hoja antes de su consumo?

a) Almacenamiento prolongado a temperatura ambiente.
b) Conservación en atmósfera modificada rica en nitrógeno.
c) Lavado y ebullición de los vegetales.
d) Envasado al vacío sin tratamiento térmico.

14. En relación con los ingredientes tecnológicos de los alimentos, señale la afirmación que describe correctamente a los coadyuvantes tecnológicos:

a) Se incorporan al alimento para modificar su sabor y deben figurar siempre en la lista de ingredientes.
b) Se emplean durante la transformación del alimento, no forman parte intencionada del producto final y no deben presentar riesgos para la salud.
c) Son proteínas con función catalizadora utilizadas para acelerar reacciones químicas.
d) Se utilizan exclusivamente para mejorar la vida media del producto terminado.

15. Ante la aparición de un brote de intoxicación o infección alimentaria, ¿cuál es una actuación obligatoria por parte de la empresa implicada?

a) Esperar a la confirmación analítica antes de informar a las autoridades.
b) Limitar la información únicamente a los trabajadores del establecimiento.

c) Comunicar inmediatamente el brote a la autoridad competente y facilitar los datos sobre los alimentos consumidos.

d) Retirar los alimentos sospechosos sin notificar a la administración sanitaria.

16. Según el Real Decreto 1086/2020, ¿cuál es el requisito mínimo de conservación de una comida testigo en establecimientos obligados a disponer de ellas?

a) Conservar al menos 100 g durante un mínimo de 7 días a ≤4 ºC o en congelación a ≤−18 ºC.

b) Mantener una muestra de 50 g durante 48 horas a temperatura ambiente.

c) Conservar 200 g durante 3 días a una temperatura inferior a 8 ºC.

d) Guardar una ración completa hasta el consumo del último usuario.

17. En relación con la conservación de alimentos cocinados, ¿qué requisito térmico debe cumplirse cuando se destinan a refrigeración tras su elaboración en caliente?

a) Mantenerlos a 63 ºC hasta su consumo sin necesidad de enfriamiento.

b) Reducir la temperatura de 70 ºC a 20 ºC en un máximo de 4 horas.

c) Enfriarlos a temperatura ambiente antes de introducirlos en refrigeración.

d) Disminuir la temperatura en el centro del producto de 60 ºC a 10 ºC en menos de 2 horas.

En MADTEST tienes **más preguntas de este tema,** y todos tus avances quedan registrados y se reflejan en el ranking.

¡Supera tus límites con MADTEST!

A continuación te presentamos algunos ejemplos de preguntas comentadas:

18. En el ámbito de la manipulación de alimentos, ¿en qué situación es obligatorio el uso de guantes y mascarilla buconasal por parte del manipulador?

a) Únicamente durante la recepción de materias primas.

b) Solo cuando se manipulen alimentos destinados a congelación.

c) Durante el envasado o emplatado y en tareas con alimentos listos para consumo sin tratamiento térmico posterior.

d) Exclusivamente cuando el trabajador presente síntomas respiratorios.

Respuesta correcta: c) Durante el envasado o emplatado y en tareas con alimentos listos para consumo sin tratamiento térmico posterior.

Las normas básicas de higiene establecen que el manipulador debe utilizar guantes y mascarilla buconasal —que cubra nariz y boca— en procesos como el envasado o emplatado y en cualquier tarea en la que el alimento vaya a consumirse sin tratamiento térmico posterior. La mascarilla quirúrgica actúa evitando la contaminación del alimento por parte del manipulador, a diferencia de las mascarillas FFP cuya finalidad es proteger al portador frente a la inhalación de microorganismos.

19. De acuerdo con el Reglamento (CE) nº 852/2004, ¿qué principio debe aplicar el operador de empresa alimentaria para estructurar su sistema de control higiénico?

a) La aplicación de procedimientos basados en el análisis de peligros y puntos de control crítico (APPCC).
b) La inspección sanitaria exclusivamente anual por parte de la autoridad competente.
c) La delegación de la seguridad alimentaria en el manipulador de alimentos.
d) La conservación indefinida de todos los productos congelados como medida preventiva.

Respuesta correcta: a) La aplicación de procedimientos basados en el análisis de peligros y puntos de control crítico (APPCC).

El Reglamento (CE) nº 852/2004 establece que la responsabilidad principal de la seguridad alimentaria recae en el operador de la empresa alimentaria. Para ello debe implantar procedimientos permanentes basados en los principios del APPCC, junto con prácticas correctas de higiene, mantenimiento de la cadena del frío, cumplimiento de criterios microbiológicos y requisitos térmicos, así como sistemas de verificación como muestreo y análisis. Estas medidas deben aplicarse en todas las fases de producción, transformación y distribución bajo su control.

20. En relación con las disposiciones aplicables a los productos alimenticios (Capítulo IX del Reglamento (CE) nº 852/2004), indique cuál de las siguientes actuaciones es correcta:

a) Aceptar materias primas si el proveedor habitual garantiza verbalmente su buen estado.
b) Interrumpir la cadena del frío durante el transporte si el tiempo es breve.
c) Descongelar los alimentos a temperatura ambiente para agilizar el proceso.
d) Refrigerar los productos lo antes posible tras el tratamiento térmico cuando deban conservarse a baja temperatura.

Respuesta correcta: d) Refrigerar los productos lo antes posible tras el tratamiento térmico cuando deban conservarse a baja temperatura.

El Capítulo IX del Reglamento (CE) nº 852/2004 establece que los productos alimenticios que deban conservarse o servirse a baja temperatura se refrigerarán lo antes posible tras finalizar el tratamiento térmico o la preparación. Asimismo, prohíbe aceptar

materias primas contaminadas o previsiblemente contaminadas, exige el mantenimiento ininterrumpido de la cadena del frío, la aplicación de medidas eficaces de control de plagas, la correcta descongelación para minimizar riesgos microbiológicos y el
almacenamiento separado y etiquetado de sustancias peligrosas o no comestibles.

Solución al test n.º 3

1. b) Brote epidemiológico.

2. c) Carne.

3. d) Todas las respuestas anteriores son correctas.

4. a) Si, siempre.

5. b) Comidas testigo.

6. a) Contaminación cruzada directa.

7. c) Salmonelosis.

8. b) Durante un mínimo de 7 días a una temperatura igual o inferior a 4°C.

9. b) 80 grados centígrados durante al menos 10 minutos.

10. b) Un parásito.

11. b) Es una de las causas más frecuentes de enfermedades transmitidas por los productos alimenticios o del deterioro de éstos.

12. a) Hongos.

13. c) Lavado y ebullición de los vegetales.

14. b) Se emplean durante la transformación del alimento, no forman parte intencionada del producto final y no deben presentar riesgos para la salud.

15. c) Comunicar inmediatamente el brote a la autoridad competente y facilitar los datos sobre los alimentos consumidos.

16. a) Conservar al menos 100 g durante un mínimo de 7 días a ≤4 °C o en congelación a ≤−18 °C.

17. d) Disminuir la temperatura en el centro del producto de 60 ºC a 10 ºC en menos de 2 horas.

18. c) Durante el envasado o emplatado y en tareas con alimentos listos para consumo sin tratamiento térmico posterior.

19. a) La aplicación de procedimientos basados en el análisis de peligros y puntos de control crítico (APPCC).

20. d) Refrigerar los productos lo antes posible tras el tratamiento térmico cuando deban conservarse a baja temperatura.

TEST N.º 4

Normativa básica en restauración colectiva: disposiciones comunitarias y nacionales. Codex Alimentarius: principios generales de higiene de los alimentos. Sistemas de análisis de peligros y puntos de control críticos (APPCC) definiciones, concepto básico de implantación y desarrollo

1. En relación con la normativa aplicable a las comidas preparadas, señale la opción correcta:

a) El Real Decreto 3484/2000 continúa vigente y regula actualmente las condiciones higiénicas de las comidas preparadas.

b) El Real Decreto 1021/2022 derogó el Real Decreto 3484/2000 y regula determinados requisitos de higiene en establecimientos de comercio al por menor.

c) Ambos Reales Decretos están vigentes y se aplican de forma complementaria.

d) El Real Decreto 1021/2022 regula exclusivamente la producción primaria de alimentos.

2. En relación con los requisitos específicos de las instalaciones en establecimientos de comidas preparadas, indique la opción correcta:

a) El envasado podrá realizarse en cualquier superficie disponible siempre que esté limpia.

b) La zona de brasas o fuegos de leña puede integrarse libremente en cualquier dependencia sin separación física.

c) El local de cocina debe estar aislado de otras dependencias y contar, en su caso, con zona de envasado en superficie exclusiva y de fácil limpieza.

d) Los envases podrán almacenarse en contacto con otras materias primas siempre que estén cerrados.

3. En relación con los requisitos específicos de las cocinas centrales, señale la afirmación correcta:

a) Las cámaras de congelación deben garantizar un funcionamiento entre 0 ºC y -25 ºC y disponer de termómetros de lectura exterior.

b) Los suelos no precisan sistemas de desagüe si existe limpieza diaria.

c) Los contenedores de distribución pueden limpiarse en cualquier zona de la cocina.

d) Los servicios higiénicos del personal pueden disponer de grifos de accionamiento manual.

4. Respecto a la organización de espacios en una cocina central, indique la opción que NO se ajusta a los requisitos establecidos:

a) Debe existir una zona diferenciada para la limpieza, desinfección y secado de contenedores.

b) Los vestuarios y servicios higiénicos del personal deben estar diferenciados.

c) La limpieza y desinfección de contenedores se considera un punto relevante de control.

d) El almacenamiento de productos terminados no requiere control específico de temperatura.

5. En relación con el Real Decreto 1021/2022, de 13 de diciembre, indique cuál es su finalidad principal:

a) Sustituir los reglamentos europeos sobre higiene alimentaria.

b) Establecer la normativa básica sobre higiene en establecimientos de comercio al por menor y adaptar los reglamentos europeos al ámbito nacional.

c) Regular exclusivamente la producción primaria de alimentos de origen vegetal.

d) Limitar el suministro de alimentos entre establecimientos minoristas.

6. De acuerdo con el marco normativo vigente, el Real Decreto 1021/2022 derogó expresamente:

a) El Reglamento (CE) n.º 852/2004.

b) La Ley 17/2011, de seguridad alimentaria y nutrición.

c) El Real Decreto 640/2006 y el Real Decreto 3484/2000.

d) El Reglamento (CE) n.º 853/2004.

7. ¿Cuál de los siguientes supuestos se considera establecimiento de comercio al por menor a efectos del Real Decreto 1021/2022?

a) Un particular que manipula alimentos de forma ocasional en una celebración benéfica.

b) Una explotación que realiza venta directa de productos primarios.

c) Un establecimiento de restauración que manipula y vende alimentos a la persona consumidora final, incluyendo locales ambulantes.

d) Un almacén mayorista que distribuye exclusivamente a otros operadores alimentarios.

8. Un establecimiento dedicado a la actividad de carnicería que además elabora embutidos de sangre y salazones de tocino en un obrador anexo se denomina:

a) Carnicería-charcutería.

b) Carnicería-salchichería.

c) Pescadería con obrador.
d) Establecimiento central.

9. ¿Qué característica define a un obrador dentro de un establecimiento de comercio al por menor?

a) Es un espacio accesible al público destinado a la degustación de productos.
b) Es un local independiente con distinta titularidad que el establecimiento central.
c) Es la zona destinada exclusivamente al almacenamiento de materias primas.
d) Es la parte inaccesible al público donde se realizan actividades de manipulación y elaboración propia, con la misma titularidad que el establecimiento central.

10. ¿Qué combinación de producto y temperatura interna es conforme a los requisitos establecidos?

a) Carne picada conservada a 4 °C.
b) Preparados de carne mantenidos a 4 °C.
c) Despojos refrigerados a 6 °C.
d) Carne de aves de corral almacenada a 7 °C.

11. En relación con frutas y vegetales cortados en el comercio al por menor, indique la afirmación correcta:

a) Las sandías cortadas pueden mantenerse indefinidamente a temperatura ambiente si están etiquetadas.
b) Las frutas cortadas listas para consumo deben conservarse, con carácter general, a una temperatura igual o inferior a 4 °C.
c) Los melones cortados no requieren registro de la hora de corte.
d) Los vegetales voluminosos cortados por la mitad deben mantenerse obligatoriamente a 4 °C.

12. En relación con la congelación de materias primas recibidas envasadas en un establecimiento de comercio al por menor, señale la opción correcta:

a) Se podrá retirar la etiqueta original y sustituirla por otra con la fecha de congelación.
b) Deberá mantenerse el envase original con su etiqueta visible y añadirse otra con la fecha de congelación, de forma que ambas fechas puedan leerse.
c) No es necesario indicar la fecha de congelación si figura la fecha de caducidad.
d) En caso de fraccionamiento, bastará con etiquetar únicamente una de las fracciones.

13. ¿Cuál de las siguientes actuaciones es conforme a la normativa cuando se congelan productos elaborados en el propio establecimiento?

a) Congelarlos sin envasar si van a destinarse a donación.
b) Envasarlos e indicar en la etiqueta la fecha de elaboración, la fecha de congelación y la fecha de caducidad o consumo preferente del producto congelado.

c) Etiquetarlos únicamente con la fecha de elaboración.

d) Congelarlos aunque el equipo no garantice alcanzar -10 °C en el centro del producto.

14. En relación con el fraccionamiento de materias primas y productos en establecimientos de comidas preparadas(artículo 30 del Real Decreto 1086/2020, de 9 de diciembre), indique la opción correcta:

a) Puede realizarse en grandes cantidades para optimizar tiempos, aunque no se utilicen de inmediato.

b) Se realizará en función de las necesidades de trabajo o demanda, utilizando las cantidades más reducidas posibles destinadas a su inmediata elaboración, consumo o venta.

c) Solo se aplicará a productos terminados, no a materias primas.

d) No es necesario extremar las condiciones higiénicas si el producto va a cocinarse posteriormente.

15. Es, entre otras, función del coordinador del equipo de implantación del sistema de APPCC:

a) La organización de las reuniones.

b) La elaboración de menús.

c) El registro de las decisiones del equipo.

d) Las opciones a) y c) son correctas.

16. El establecimiento de un sistema de registro o documentación de los planes relativos a los sistemas de APPCC, permite:

a) Mostrar las incidencias ocurridas, la toma de decisiones y comprobar si el sistema está funcionado con eficacia.

b) Comprobar la salubridad de los alimentos.

c) Determinar quién realiza la vigilancia del sistema.

d) No es uno de los principios en los que se basa el sistema de APPCC.

17. ¿Qué se entiende por "trazabilidad"?

a) La posibilidad de encontrar y seguir el rastro, a través de todas las etapas de la producción, transformación y distribución de un alimento.

b) La información contenida en la etiqueta de un producto alimenticio.

c) Las fases de la producción de un alimento hasta que está listo para su venta y consumo.

d) La posibilidad de encontrar el rastro de un alimento a partir del momento en que se comercializa.

En MADTEST tienes **más preguntas de este tema,** y todos tus avances quedan registrados y se reflejan en el ranking.

¡Supera tus límites con MADTEST!

A continuación te presentamos algunos ejemplos de preguntas comentadas:

18. Entre los Planes Generales de Higiene (PGH) mínimos que deben estar implantados en un Servicio de alimentación, se encuentran:

a) Plan de limpieza y desinfección.
b) Plan de eliminación de residuos y aguas residuales.
c) Plan de control de proveedores.
d) Todas las respuestas previas son correctas.

Respuesta correcta: d) Todas las respuestas previas son correctas.

Los Planes Generales de Higiene hacen referencia al control del agua potable. limpieza y desinfección, control de plagas: desinsectación y desratización. mantenimiento de instalaciones, equipos y útiles, rastreabilidad, trazabilidad o loteado de productos (su grado de complejidad estará en función del tipo de industria de que se trate), formación de manipuladores, certificación de proveedores, buenas prácticas de fabricación o de manejo (BPF o BPM, respectivamente), eliminación de residuos y vertidos., otros que, según las características de su empresa, sean necesarios para garantizar la seguridad de los alimentos o le sean indicados por parte de la autoridad sanitaria.

19. ¿A quién se aplica la Guía de Buenas Prácticas de Manipulación?

a) A la Administración.
b) A todos los profesionales implicados.
c) Al personal sanitario.
d) Al consumidor.

Respuesta correcta: b) A todos los profesionales implicados.

Las BPM son una serie de directrices que definen la gestión y manejo de acciones con el objetivo de asegurar condiciones favorables para la producción de alimentos seguros. También son de utilidad para el diseño y gestión de establecimientos y para el desarrollo de procesos y productos relacionados con la alimentación, y va dirigido a todos los profesionales implicados

20. Indique cuál de las siguientes situaciones constituye una transformación de un producto alimenticio según el Reglamento (CE) nº 852/2004:

a) Congelar pescado fresco para su conservación.

b) Pelar, trocear y refrigerar zanahorias.

c) Elaborar una salsa a partir de tomates frescos mediante cocción y adición de ingredientes.

d) Deshuesar y filetear carne fresca.

Respuesta correcta: c) Elaborar una salsa a partir de tomates frescos mediante cocción y adición de ingredientes.

Se consideran productos sin transformar aquellos que solo han sido sometidos a operaciones como cortar, pelar, picar, refrigerar o congelar, ya que estas manipulaciones no constituyen transformación. En cambio, los productos transformados son los obtenidos tras aplicar un proceso que modifica el producto original, como la cocción o la incorporación de ingredientes, dando lugar a un nuevo alimento.

Solución al test n.º 4

1. b) El Real Decreto 1021/2022 derogó el Real Decreto 3484/2000 y regula determinados requisitos de higiene en establecimientos de comercio al por menor.

2. c) El local de cocina debe estar aislado de otras dependencias y contar, en su caso, con zona de envasado en superficie exclusiva y de fácil limpieza.

3. a) Las cámaras de congelación deben garantizar un funcionamiento entre 0 ºC y -25 ºC y disponer de termómetros de lectura exterior.

4. d) El almacenamiento de productos terminados no requiere control específico de temperatura.

5. b) Establecer la normativa básica sobre higiene en establecimientos de comercio al por menor y adaptar los reglamentos europeos al ámbito nacional.

6. c) El Real Decreto 640/2006 y el Real Decreto 3484/2000.

7. c) Un establecimiento de restauración que manipula y vende alimentos a la persona consumidora final, incluyendo locales ambulantes.

8. b) Carnicería-salchichería.

9. d) Es la parte inaccesible al público donde se realizan actividades de manipulación y elaboración propia, con la misma titularidad que el establecimiento central.

10. b) Preparados de carne mantenidos a 1 ºC.

11. b) Las frutas cortadas listas para consumo deben conservarse, con carácter general, a una temperatura igual o inferior a 4 ºC.

12. b) Deberá mantenerse el envase original con su etiqueta visible y añadirse otra con la fecha de congelación, de forma que ambas fechas puedan leerse.

13. b) Envasarlos e indicar en la etiqueta la fecha de elaboración, la fecha de congelación y la fecha de caducidad o consumo preferente del producto congelado.

14. b) Se realizará en función de las necesidades de trabajo o demanda, utilizando las cantidades más reducidas posibles destinadas a su inmediata elaboración, consumo o venta.

15. d) Las opciones a) y c) son correctas.

16. a) Mostrar las incidencias ocurridas, la toma de decisiones y comprobar si el sistema está funcionado con eficacia.

17. a) La posibilidad de encontrar y seguir el rastro, a través de todas las etapas de la producción, transformación y distribución de un alimento.

18. d) Todas las respuestas previas son correctas.

19. b) A todos los profesionales implicados.

20. c) Elaborar una salsa a partir de tomates frescos mediante cocción y adición de ingredientes.

TEST N.º 5

**Control de materias primas y productos preparados.
El almacenamiento: almacenamiento de productos perecederos
y no perecederos. Almacenamiento de productos congelados.
Prácticas correctas de higiene**

1. ¿Qué tipo de bienes son las sartenes de cocina?

a) Inventariables.
b) Fungibles.
c) No almacenables.
d) No inventariables.

2. ¿Qué es aprovisionar?

a) Almacenar.
b) Acumular.
c) Abastecer.
d) Consumir.

3. ¿Cuál es la primera fase de la gestión del aprovisionamiento?

a) Planificación.
b) Compra.
c) Almacenamiento.
d) Inventario.

4. ¿Qué factores se deben tener en cuenta a la hora de planificar el aprovisionamiento?

a) Número de menús a elaborar.
b) Espacio para el almacenamiento.
c) Vida útil del producto.
d) Todas las respuestas son correctas.

5. ¿Qué es correcto sobre el albarán?

a) Debe coincidir siempre con los productos solicitados.
b) Debe coincidir siempre con los productos servidos.
c) Debe coincidir siempre con los productos solicitados y con los productos servidos.
d) Es un documento que refleja lo contratado con el proveedor.

6. ¿A qué hace referencia el término stock?

a) Mercancía guardada en el almacén.
b) Mercancía gastada o consumida en un mes.
c) Cantidad de productos comprados en cada pedido.
d) Recuento periódico de mercancía

7. ¿Cuándo hay rotura de stock?

a) Cuando la mercancía almacenada está deteriorada.
b) Cuando no queda producto.
c) Cuando queda una cantidad mínima de producto.
d) Cuando se cambia de proveedor.

8. ¿Qué es el punto de pedido?

a) Momento en el que se debe realizar una compra o un pedido de mercancía.
b) El lugar donde se anotan las cantidades solicitadas al proveedor.
c) Momento en el que se recibe el pedido.
d) Sistema de acumulación de puntos para obtener descuentos en las siguientes compras.

9. En el momento de la recepción de la mercancía, ¿qué se debe comprobar?

a) Los embalajes estarán en buen estado.
b) Los envases estarán intactos, no presentarán deterioro ni alteración que denote manipulación alguna.
c) Las etiquetas serán correctas.
d) Todas las respuestas son correctas.

10. Indica cuál de las siguientes afirmaciones es falsa:

a) Los productos refrigerados se transportarán en vehículos frigoríficos.
b) Los productos congelados se transportarán en vehículos congeladores con temperatura superior a −18 ºC.
c) Los productos congelados se transportarán en vehículos congeladores con temperatura inferior a −18 ºC.
d) El pescado se habrá transportado en el menor tiempo posible, en condiciones adecuadas de humedad y temperatura.

11. ¿Cuándo se entrega el albarán?

a) En el momento de realizar el pedido.
b) En el momento de la recepción del pedido.
c) En el momento de la preparación del pedido.
d) En el momento de realizar el pago de la mercancía, ya que es un justificante de dicha operación.

12. ¿Cuál es el documento que sirve como justificante de pago de una mercancía?

a) El albarán.
b) La factura.
c) El escandallo.
d) El vale de compra.

13. ¿Cuál será la unidad de compra de la harina?

a) Litros.
b) Kilos.
c) Cajas.
d) Sacos.

14. ¿Qué sería un saco de harina?

a) Unidad de compra.
b) Unidad de entrega.
c) Unidad de almacenaje.
d) Todas las respuestas son correctas.

15. ¿Las necesidades de mercancía son iguales para todas las cocinas de escuelas infantiles?

a) Sí, porque en todas hay que dar los mismos menús, con la misma calidad.
b) No, porque depende de la edad de los niños a los que se da de comer.
c) No, porque depende del número de niños, las edades, la necesidad de menús adaptados, etc.
d) Solo en el caso de productos frescos, ya que los alimentos de mayor duración se pueden almacenar durante más tiempo y no es necesario comprar con tanta frecuencia.

16. Una lata de anchoas, ¿qué tipo de producto es?

a) Un producto fresco.
b) Una conserva.
c) Una semiconserva.
d) Un producto no perecedero.

17. ¿Qué condiciones del alimento se deben tener en cuenta durante el almacenamiento?

a) Temperatura.
b) Humedad.
c) Presión.
d) Las respuestas a) y b) son correctas.

En MADTEST tienes **más preguntas de este tema,** y todos tus avances quedan registrados y se reflejan en el ranking.

¡Supera tus límites con MADTEST!

A continuación te presentamos algunos ejemplos de preguntas comentadas:

18. ¿Cuál de los siguientes datos no es necesario que figuren en el albarán?

a) Datos del proveedor y del cliente.
b) Cantidad de la mercancía entregada.
c) Número de albarán.
d) Precio de la mercancía entregada.

Respuesta correcta: d) Precio de la mercancía entregada.

El precio de la mercancía entregada se indicará en la factura, no en el albarán. El albarán es un documento que acredita aquello que el proveedor entrega al cliente.

19. En la fase de recepción de la mercancía, ¿qué se comprobará mediante inspección visual?

a) La temperatura de los alimentos refrigerados.
b) El buen estado de los envases y embalajes.
c) La temperatura de los alimentos congelados.
d) Todas las respuestas son correctas.

Respuesta correcta: b) El buen estado de los envases y embalajes.

Mediante inspección visual se puede verificar el estado de los envases y embalajes, pero la temperatura requiere del uso de termómetros para su medición, y por tanto no se puede comprobar solo con inspección visual.

20. En caso de almacenar diferentes productos en una misma cámara, ¿qué colocación sería correcta?

a) Las frutas y verduras se colocarán en la parte alta.

b) Los platos elaborados se colocarán en la parte alta.

c) El pollo y la carne se colocarán junto con la fruta y la verdura por ser productos frescos.

d) Los platos elaborados se colocarán en la parte más baja.

Respuesta correcta: b) Los platos elaborados se colocarán en la parte alta.

Es recomendable almacenar separadamente cada tipo de alimento. En caso de que deban permanecer en la misma cámara, se evitará que se produzca contaminación cruzada, especialmente se evitará que los alimentos frescos contaminen los platos elaborados.

Solución al test n.º 5

1. a) Inventariables.

2. c) Abastecer.

3. a) Planificación.

4. d) Todas las respuestas son correctas.

5. b) Debe coincidir siempre con los productos servidos.

6. a) Mercancía guardada en el almacén.

7. b) Cuando no queda producto.

8. a) Momento en el que se debe realizar una compra o un pedido de mercancía.

9. d) Todas las respuestas son correctas.

10. b) Los productos congelados se transportarán en vehículos congeladores con temperatura superior a −18 ºC.

11. b) En el momento de la recepción del pedido.

12. b) La factura.

13. b) Kilos.

14. b) Unidad de entrega.

15. c) No, porque depende del número de niños, las edades, la necesidad de menús adaptados, etc.

16. c) Una semiconserva.

17. d) Las respuestas a) y b) son correctas.

18. d) Precio de la mercancía entregada.

19. b) El buen estado de los envases y embalajes.

20. b) Los platos elaborados se colocarán en la parte alta.

TEST N.º 6

El acondicionamiento de las materias primas: carnes, pescados, hortalizas, frutas. Limpieza, cortes y preelaboración. La descongelación. Actividades de limpio y sucio. Términos básicos de cocina. Practicas correctas de higiene

1. ¿Cómo se denomina el fraccionado de los trozos o filetes de carne en porciones de tamaño reducido, mediante máquina o instrumentos cortantes adecuados?

a) Troceado.
b) Fileteado.
c) Picado.
d) Oreo.

2. Es aconsejable lavar las hortalizas que se consumen crudas:

a) Con agua salada.
b) Con agua y unas gotas de lejía.
c) Solamente con agua.
d) Con agua a la que se le añaden unas gotas de limón.

3. Señala la opción correcta con respecto a la preparación básica de los siguiente alimentos:

a) Los tomates, se deberá quitar la piel en todos los casos.
b) Las alcachofas, una vez eliminadas las hojas exteriores, se meterán en agua con lejía para evitar su ennegrecimiento.
c) La remolacha roja, se lavará primero sin cortar las ramas o tallos con los que vienen.
d) Las acelgas, solo se utilizarán las hojas, desprendiéndoles los tallos, por no tener ningún valor nutritivo.

4. ¿A qué es debido el ennegrecimiento que presentan algunas hortalizas cuando se les quita la piel protectora?

a) Al alto contenido en agua.
b) A los productos fertilizantes con los que son tratados.

c) A las bacterias y enzimas.
d) A la oxidación.

5. ¿Cómo es el corte brunoise?

a) Dados pequeños.
b) Láminas.
c) Tiras finas.
d) A gajos.

6. ¿Qué partes no comestibles suelen retirarse de la carne?

a) Vasos sanguíneos.
b) Exceso de grasa.
c) Nervios y tendones.
d) Todas las respuestas son correctas.

7. ¿Cómo se cortan las patas de las aves?

a) A golpe de cuchillo.
b) Retorciendo manualmente.
c) Cortando alrededor de la rótula para luego tronchar.
d) Chamuscando.

8. ¿Qué operación se realiza en la zona de preparación de pescado?

a) Pelado.
b) Escurrido.
c) Desespinado.
d) Todas son ciertas.

9. ¿Qué es la aleta?

a) Carne que está sobre las costillas.
b) Parte inferior de la pierna.
c) Parte situada sobre el esternón y parte de las costillas.
d) El cuello del animal.

10. ¿Cuál es la carne con grasa de la parte ventral del cerdo?

a) Codillo.
b) Jamón.
c) Aguja.
d) Panceta.

11. ¿Qué medidas ayudarán a realizar el proceso de acondicionamiento de la materia prima adecuadamente?

a) Planificar y programar los tiempos de trabajo adecuadamente.
b) Descongelar mayores cantidades de materia prima de la necesaria, para ir adelantando el trabajo de limpieza de la misma.
c) Añadir más cantidad de lejía para que actúe antes.
d) Todas las respuestas son correctas.

12. Indica la respuesta correcta:

a) El área de cocina caliente debe tener un fregadero, para el lavado de ollas, sartenes, y todo el menaje utilizado en la cocina caliente.
b) El área de cocina caliente contará con un refrigerador para toda la materia prima almacenada, separado del refrigerador de comidas elaboradas.
c) En el área de cocina caliente está prohibido el uso de productos desengrasantes.
d) Todas las respuestas son correctas.

13. Acción de envolver el ave en tiras de tocino:

a) Albardar.
b) Bridar.
c) Flamear.
d) Despojar.

14. ¿En qué consiste el pelado de las aves?

a) En la eliminación de las plumas.
b) En la eliminación de la piel.
c) En la eliminación de patas y cabeza.
d) Todas las respuestas son correctas.

15. ¿Cuál de los siguientes no es un corte de vacuno?

a) Roastbeef.
b) Chops.
c) Silla.
d) Noisette.

16. Tira de carne larga y delgada de unos 20 cm de longitud adosada al lomo:

a) Lágrima.
b) Abanico.
c) Lagarto.
d) Pella.

17. ¿Qué debe tener en cuenta para realizar el escandallo de un producto?

a) Ingredientes.
b) Peso bruto y neto.
c) Merma.
d) Todas las respuestas son correctas.

En MADTEST tienes **más preguntas de este tema,** y todos tus avances quedan registrados y se reflejan en el ranking.

¡Supera tus límites con MADTEST!

A continuación te presentamos algunos ejemplos de preguntas comentadas:

18. ¿Qué consecuencia tendrá un tiempo excesivo de cocción en el pescado?

a) Merma del producto.
b) Mayor aprovechamiento.
c) Mayor calidad higiénica por eliminación de parásitos.
d) Todas las respuestas son correctas.

Respuesta correcta: a) Merma del producto.

El pescado para su cocción requiere un tiempo corto. Si se excede ese tiempo el pescado pierde mayor cantidad de agua y queda reseco, con la consecuente merma del producto, es decir, la cantidad aprovechable será menor.

19. ¿Cómo se descongelarán las verduras?

a) A temperatura ambiente.
b) Se cocinarán sin descongelar.
c) En el abatidor.
d) Las respuestas b) y c) son correctas.

Respuesta correcta: b) Se cocinarán sin descongelar.

Las verduras congeladas se echarán directamente al agua en ebullición. Tardarán poco tiempo en estar cocidas, y se evitará la pérdida de agua y nutrientes.

20. ¿Cuál de las siguientes afirmaciones es falsa?

a) Las verduras y hortalizas se pueden cocinar directamente sin descongelar, poniéndolas en agua hirviendo con sal y teniendo en cuenta que tardan menos tiempo en cocerse que las frescas.

b) Un buen recalentamiento implica que todas las partes del alimento, incluido el centro del mismo, alcancen al menos una temperatura de 40 °C.

c) Los pescados y las carnes descongeladas, tardan el mismo tiempo en hacerse que los frescos, aunque hay que asegurarse de que están cocinados a fondo, para que toda la pieza se haga por dentro y por fuera.

d) Podemos recalentar en horno microondas, de convección o al baño maría.

Respuesta correcta: b) Un buen recalentamiento implica que todas las partes del alimento, incluido el centro del mismo, alcancen al menos una temperatura de 40 °C.

Si deseamos recalentar un alimento pre-cocinado que se ha refrigerado o descongelado, debemos asegurarnos de que se haga correctamente. Un buen recalentamiento implica que todas las partes del alimento, incluido el centro del mismo, alcancen al menos una temperatura de 70 °C.

Solución al test n.º 6

1. c) Picado.

2. b) Con agua y unas gotas de lejía.

3. c) La remolacha roja, se lavará primero sin cortar las ramas o tallos con los que vienen.

4. d) A la oxidación.

5. a) Dados pequeños.

6. d) Todas las respuestas son correctas.

7. c) Cortando alrededor de la rótula para luego tronchar.

8. c) Desespinado.

9. c) Parte situada sobre el esternón y parte de las costillas.

10. d) Panceta.

11. a) Planificar y programar los tiempos de trabajo adecuadamente.

12. b) El área de cocina caliente contará con un refrigerador para toda la materia prima almacenada, separado del refrigerador de comidas elaboradas.

13. a) Albardar.

14. a) En la eliminación de las plumas.

15. c) Silla.

16. c) Lagarto.

17. d) Todas las respuestas son correctas.

18. a) Merma del producto.

19. b) Se cocinarán sin descongelar.

20. b) Un buen recalentamiento implica que todas las partes del alimento, incluido el centro del mismo, alcancen al menos una temperatura de 40 °C.

TEST N.º 7

El emplatado: tipos, dotación para su realización. Normas higiénicas. La distribución de las comidas hasta planta: sistemas empleados. La recogida de bandejas y el proceso de desbarase. Residuos en la cocina hospitalaria: tipos, tratamiento y eliminación

1. La sección de cocina en las que se colocan las preparaciones culinarias en raciones individuales previas a su ingesta, se denomina:

a) Emplatado.
b) Aprovisionamiento.
c) Distribución.
d) Suministración.

2. ¿Cómo se denomina al carro que utiliza el sistema de calentamiento en bandejas de distribución con sensores de temperatura?

a) Carro de retermalización.
b) Carro isotérmico.
c) Armario caliente.
d) Carro baño maría.

3. ¿Cuál de las siguientes NO es una característica de las bandejas isotérmicas?

a) Son compartimentadas.
b) No conservan alimentos en frío.
c) Son individuales.
d) Tienen tapa.

4. ¿Dónde se situará el/la técnico de nutrición en la cinta de emplatado?

a) Verificará el contenido de la bandeja antes de su colocación en el carro.
b) Se situará al inicio de la cinta de emplatado.
c) Se situará al final de la cinta de emplatado.
d) Las opciones a) y c) son correctas.

5. En la cinta de emplatado:

a) No es obligatorio el uso de guantes, pero sí el de mascarillas.
b) Se distribuyen bandejas colocando los alimentos de forma seriada.
c) Se puede hablar todo el tiempo para facilitar su funcionamiento.
d) El pinche que tapa las bandejas es el responsable de que todo vaya en su sitio

6. ¿En qué consiste el desbarasado de bandejas?

a) Colocar las bandejas usadas en el carro que se utilizó para el reparto de las mismas.
b) Traslado de bandejas utilizadas a cocina.
c) Retirar los restos de comida de una bandeja.
d) Colocar los alimentos en la bandeja para su reparto.

7. Los platos preparados se llevan a los equipos de mantenimiento en caliente para alimentos elaborados, tanto estáticos como móviles; ¿qué son los equipos móviles?

a) Son equipos diseñados para ser utilizados en el traslado de alimentos dentro de una misma instalación.
b) Son equipos que pueden conectarse a una fuente de alimentación en cada dependencia.
c) Pueden ser armarios calientes, carros calientes, etc.
d) Todas son correctas.

8. Los carros baño maría de la cinta de emplatado deben estar en perfecto estado para que el agua alcance la misma temperatura en todos ellos, en concreto de:

a) Más de 40 ºC.
b) Más de 50 ºC.
c) Menos de 80 ºC.
d) Más de 80 ºC.

9. ¿En qué caso es de aplicación la Ley 7/2022, de 8 de abril, de residuos y suelos contaminados para una economía circular?

a) Suelos contaminados.
b) Residuos radiactivos.
c) Los explosivos desclasificados.
d) Todas las respuestas son correctas.

10. ¿Cuál de los siguientes es un biorresiduo?

a) Residuos biodegradables vegetales.
b) Residuos de industrias en las que se transforman alimentos.
c) Restos de comidas de los servicios de restauración colectiva.
d) Todas las respuestas son correctas.

11. ¿Qué consideración otorga la Ley 7/2022, de 8 de abril, a los subproductos?

a) Que la sustancia u objeto se pueda utilizar directamente sin tener que someterse a una transformación ulterior distinta de la práctica industrial habitual.
b) Aquel cuyas características han sido alteradas negativamente por la presencia de componentes químicos de carácter peligroso.
c) Residuos resultantes de los procesos de producción, fabricación, transformación, utilización, consumo, limpieza o mantenimiento generados por la actividad industrial como consecuencia de su actividad principal.
d) Cualquier operación cuyo resultado principal sea que el residuo sirva a una finalidad útil al sustituir a otros materiales.

12. ¿Cómo define la Ley 7/2022, de 8 de abril, de residuos y suelos contaminados para una economía circular, a toda persona física o jurídica que organice la valorización o la eliminación de residuos por encargo de terceros?

a) Gestor de residuos.
b) Agente.
c) Negociante.
d) Autoridad competente.

13. ¿Qué es falso sobre los residuos inertes?

a) No son peligrosos y no experimentan transformaciones físicas, químicas o biológicas significativas.
b) Los lixiviados de estos residuos no experimentan transformaciones físicas, químicas o biológicas significativas.
c) Deben ser incinerados.
d) Serán depositados en vertederos.

14. ¿Con qué siglas se nombran a los residuos que, que contienen una o varias sustancias que se sabe tienen efectos sensibilizantes para la piel o los órganos respiratorios?

a) HP 4.
b) HP 7.
c) HP 12.
d) HP 13.

15. Señale la opción que recoge correctamente el objetivo prioritario del Real Decreto 1055/2022, de 27 de diciembre:

a) Incrementar la producción de envases reutilizables sin limitar la eliminación final de residuos.
b) Establecer medidas destinadas prioritariamente a la prevención de residuos de envases y, en segundo lugar, a su reutilización y reciclado.

c) Regular exclusivamente la gestión de los residuos industriales de envases.

d) Sustituir la normativa europea en materia de economía circular.

16. Indique cuál de los siguientes artículos NO tiene la consideración de envase según el artículo 2 y el Anexo I del Real Decreto 1055/2022:

a) Cajas de dulces.

b) Perchas para prendas de vestir vendidas por separado.

c) Bolsas de papel destinadas a ser llenadas en el punto de venta.

d) Cápsulas para máquinas de bebidas que quedan vacías tras su uso.

17. En relación con la figura del "productor de producto" definida en el artículo 2 del Real Decreto 1055/2022, ¿quién asumirá esta condición cuando un producto envasado se comercialice bajo una marca de distribución sin identificarse al productor original?

a) El fabricante del envase vacío.

b) El gestor de residuos de envases.

c) El titular de la marca de distribución con sede en España.

d) El comerciante minorista que realiza la venta final.

En MADTEST tienes **más preguntas de este tema,** y todos tus avances quedan registrados y se reflejan en el ranking.

¡Supera tus límites con MADTEST!

A continuación te presentamos algunos ejemplos de preguntas comentadas:

18. El traslado del carro con las bandejas de comida para los pacientes forma parte de las operaciones del circuito:

a) Circuito sucio.

b) Circuito limpio.

c) Circuito de limpieza.

d) Circuito de cocina.

Respuesta correcta: b) Circuito limpio.

La comida elaborada debe ser protegida de la contaminación, y tanto los elementos utilizados para su distribución, como las rutas que se utilicen, deben formar parte del circuito limpio.

19. ¿Cuál es el sistema de emplatado utilizado en hospitales con cocina centralizada y sistema de cadena fría refrigerada?

a) Emplatado en caliente.
b) Emplatado en frío.
c) Emplatado tras la regeneración.
d) Emplatado durante la regeneración.

Respuesta correcta: b) Emplatado en frío.

Este sistema permite refrigerar la comida nada más elaborarla (previo abatimiento de temperatura), en recipientes gastronorm El día que se va a consumir se emplata y se deposita en bandejas dentro de los carros de regeneración. El proceso de regeneración se realiza en planta de hospitalización.

20. ¿Qué afirmación es cierta sobre el proceso de emplatado?

a) Debe ser un proceso rápido.
b) Es una fase crítica, con riesgo de contaminación del alimento.
c) Requiere el uso de guantes y mascarilla durante su realización.
d) Todas las respuestas son correctas.

Respuesta correcta: d) Todas las respuestas son correctas.

El proceso de emplatado supone la manipulación de la comida elaborada, que ya no va a ser sometida a un proceso térmico que garantice la muerte de los microorganismos. Por tanto, si se contamina en el proceso de emplatado, la comida llegará contaminada hasta el usuario, que podría enfermar.

Solución al test n.º 7

1. a) Emplatado.

2. a) Carro de retermalización.

3. b) No conservan alimentos en frío.

4. c) Se situará al final de la cinta de emplatado.

5. b) Se distribuyen bandejas colocando los alimentos de forma seriada.

6. c) Retirar los restos de comida de una bandeja.

7. d) Todas son correctas.

8. d) Más de 80 ºC.

9. a) Suelos contaminados.

10. d) Todas las respuestas son correctas.

11. a) Que la sustancia u objeto se pueda utilizar directamente sin tener que someterse a una transformación ulterior distinta de la práctica industrial habitual.

12. b) Agente.

13. c) Deben ser incinerados.

14. d) HP 13.

15. b) Establecer medidas destinadas prioritariamente a la prevención de residuos de envases y, en segundo lugar, a su reutilización y reciclado.

16. a) Cajas de dulces.

17. c) El titular de la marca de distribución con sede en España.

18. b) Circuito limpio.

19. b) Emplatado en frío.

20. d) Todas las respuestas son correctas.

TEST N.º 8

La limpieza y desinfección: bandejas, cubertería y vajilla, superficies de cocina, maquinaria y utillaje de cocina. Productos de limpieza y maquinarias utilizados. Prácticas correctas de higiene

1. En relación con la limpieza del mobiliario, señale la afirmación correcta:

a) El mobiliario no lavable, como maderas nobles o exóticas, debe limpiarse con abundante agua y detergente neutro.

b) El mobiliario lavable requiere exclusivamente el uso de bayetas secas con producto capta-polvo.

c) En el mobiliario no lavable se utilizará bayeta de polvo, preferentemente con producto capta-polvo, evitando el uso de agua.

d) Todos los tipos de mobiliario deben limpiarse con el mismo procedimiento para garantizar homogeneidad en la limpieza.

2. En relación con las características higiénico-sanitarias de los equipos y utensilios utilizados en la manipulación de alimentos, indique cuál de las siguientes afirmaciones es correcta:

a) Se recomienda el uso de madera en superficies de trabajo por su resistencia natural y facilidad de limpieza.

b) Los equipos fijos pueden instalarse adosados completamente a la pared, aunque impidan el acceso para su limpieza.

c) Los lavamanos en zonas de manipulación deben disponer de accionamiento no manual, agua fría y caliente, jabón dosificador y toallas de un solo uso.

d) Las cámaras de refrigeración no necesitan dispositivos visibles de control de temperatura si el establecimiento es pequeño.

3. ¿Qué tipo de detergente se usaría para eliminar la suciedad mineral, es decir, sarro, cemento, óxido o similar?

a) Detergentes alcalinos o básicos.

b) Detergentes ácidos.

c) Detergentes abrasivos.

d) Detergentes neutros.

4. De las siguientes recomendaciones de almacenaje de productos de limpieza, ¿cuál es la CORRECTA?

a) Sitúe en las zonas más bajas los productos menos voluminosos.
b) Apilar muchas cajas.
c) Nunca almacene productos de limpieza dentro o sobre cuadros eléctricos.
d) Las estanterías no estarán sujetas a la pared ni entre sí.

5. ¿Qué inconveniente tiene el hipoclorito sódico para su utilización en cocinas hospitalarias?

a) Se activa en contacto con sustancias orgánicas.
b) Es corrosivo para algunos metales.
c) Es estable, por lo que pierde efectividad con el tiempo.
d) Tiene un amplio espectro bactericida.

6. La acción limpiadora de los detergentes se basa en las siguientes propiedades:

a) Poder humectante, concentración y desinfección.
b) Poder humectante, dispersión y suspensión.
c) Poder humectantes, desinfección y suspensión.
d) Poder humectante, suspensión y concentración.

7. Cuando un producto limpiador es considerado peligroso, ¿qué pictograma debe incluir en su etiquetado?

a) Cuadrado y apoyado sobre un vértice.
b) Cuadrado y apoyado sobre un lado.
c) Cuadrado y en color amarillo.
d) Cuadrado y de color rojo.

8. Son componentes complementarios de un detergente, de un limpiador, que aportan propiedades particulares a los componentes fundamentales en la acción específica de limpieza.

a) Alcalinos.
b) Tensioactivos.
c) Coadyuvantes.
d) Neutros.

9. ¿Qué tipo de detergentes son los más adecuados para emulsionar y retirar materia orgánica?

a) Ácidos.
b) Alcalinos.

c) Neutros.
d) Anfotéricos.

10. ¿Qué significa que un producto de limpieza tenga poder humectante?

a) Que tiene capacidad para dispersar proteínas.
b) Que tiene capacidad de unir sustancias que no se mezclan por sí solas.
c) Que tiene capacidad de penetrar en la superficie.
d) Que tiene capacidad de convertir las grasas en jabón.

11. ¿En qué año se publicó la reglamentación Técnico-Sanitaria para la elaboración, circulación y comercio de detergentes y limpiadores?

a) 1997.
b) 1990.
c) 1999.
d) 2000.

12. ¿Qué métodos podemos utilizar para la limpieza y desinfección?

a) Físicos y químicos.
b) Físicos, químicos, manuales y automáticos.
c) Manuales y automáticos.
d) Químicos y automáticos.

13. La limpieza de los suelos de una cocina se realizarán:

a) Siempre con barrido húmedo no pudiendo realizarse mientras estamos dando el servicio de comidas.
b) Siempre con barrido húmedo indistintamente del momento en el que se realice.
c) Primero barrer en seco y seguidamente se fregará el suelo.
d) Para la limpieza del suelo de las cocinas hay que recurrir al uso de mangueras.

14. ¿Qué significan las indicaciones de peligro (H) en la etiqueta de un producto de lImpieza?

a) Recomendaciones de uso.
b) Riesgos de seguridad.
c) Consejos específicos.
d) Composición.

15. ¿Cómo se denominan sustancias y preparados que en contacto con tejidos vivos pueden ejercer acción destructora de los mismos?

a) Irritantes.
b) Nocivos.

c) Corrosivos.
d) Inflamables.

16. ¿Qué precauciones debe tomar con los envases de productos de limpieza?

a) Verificar el buen estado de recipientes y envases para evitar fugas.
b) Se mantendrán cerrados mientras no se usen.
c) Elegir recipientes adecuados para utilizar pequeñas cantidades de producto.
d) Las respuestas a) y b) son correctas.

17. En el caso de que un producto limpiador sea considerado como producto peligroso, actualmente el fabricante debe incluir en su etiquetado un pictograma de peligro que será:

a) Cuadrado y apoyado sobre un lado.
b) Cuadrado y apoyado sobre un vértice.
c) Redondo.
d) Rectangular apoyado sobre el lado mayor.

En MADTEST tienes **más preguntas de este tema,** y todos tus avances quedan registrados y se reflejan en el ranking.

¡Supera tus límites con MADTEST!

A continuación te presentamos algunos ejemplos de preguntas comentadas:

18. Para la limpieza de la zona de preparación, una de las pinches necesita un producto de limpieza, ¿a dónde se dirigirá para recogerlo?

a) Al almacén de productos perecederos.
b) Al almacén para productos de limpieza.
c) A la cámara frigorífica.
d) Indistintamente, porque los productos de limpieza se almacenan en cualquier zona de la cocina.

Respuesta correcta: b) Al almacén para productos de limpieza.

Los productos de limpieza deben guardarse en lugares específicos, ventilados y apartados de las zonas de manipulación de alimentos para evitar el riesgo de contaminación.

19. En el almacén de limpieza, el pinche se ha encontrado una botella transparente llena de lo que parece un desengrasante que no tiene ninguna etiqueta ni identificación, ¿qué debe hacer?

a) Utilizarla para limpiar y gastarla lo antes posible.
b) La olerá y le pondrá con rotulador el producto que cree que es.
c) Probará con poca cantidad para limpiar y ver si es el producto que necesita.
d) Lo comunicará al encargado de la cocina para su retirada.

Respuesta correcta: d) Lo comunicará al encargado de la cocina para su retirada.

Los productos de limpieza siempre se mantendrán en su envase y conservarán su etiqueta. La etiqueta informa sobre el contenido, usos y riesgos entre otras cuestiones. Si un envase carece de esa información, no se puede saber la naturaleza del contenido. Olerlo, probarlo, o utilizarlo de cualquier forma, supone un riesgo para el trabajador.

20. Según el reglamento CLP, ¿qué indicaciones llevará la etiqueta?

a) Frases R y S.
b) Consejos de prudencia e indicaciones de peligro.
c) Pictogramas que sustituyen a las antiguas frases R.
d) Todas las respuestas son correctas.

Respuesta correcta: b) Consejos de prudencia e indicaciones de peligro.

La CLP sustituye las frases R por indicaciones de peligro y las frases S por consejos de prudencia. Estos figurarán en la etiqueta. También se incluirán pictogramas, pero no como sustitutos de las antiguas frases R.

Solución al test n.º 8

1. c) En el mobiliario no lavable se utilizará bayeta de polvo, preferentemente con producto capta-polvo, evitando el uso de agua.

2. c) Los lavamanos en zonas de manipulación deben disponer de accionamiento no manual, agua fría y caliente, jabón dosificador y toallas de un solo uso.

3. b) Detergentes ácidos.

4. d) Las estanterías no estarán sujetas a la pared ni entre sí.

5. b) Es corrosivo para algunos metales.

6. b) Poder humectante, dispersión y suspensión.

7. a) Cuadrado y apoyado sobre un vértice.

8. c) Coadyuvantes.

9. b) Alcalinos.

10. c) Que tiene capacidad de penetrar en la superficie.

11. c) 1999.

12. b) Físicos, químicos, manuales y automáticos.

13. a) Siempre con barrido húmedo no pudiendo realizarse mientras estamos dando el servicio de comidas.

14. b) Riesgos de seguridad.

15. c) Corrosivos.

16. d) Las respuestas a) y b) son correctas.

17. b) Cuadrado y apoyado sobre un vértice.

18. b) Al almacén para productos de limpieza.

19. d) Lo comunicará al encargado de la cocina para su retirada.

20. b) Consejos de prudencia e indicaciones de peligro.

Los alimentos: carnes, aves, pescados, productos lácteos, hortalizas, huevos, legumbres secas, frutas, cereales, grasas, postres de cocina. Características más importantes. Conceptos básicos de nutrición, dietas terapéuticas más utilizadas en un centro hospitalario

1. De los siguientes productos, ¿cuáles no son derivados de la leche?

a) Nata y mantequilla.
b) Queso y requesón.
c) Sueros lácteos.
d) Cafeína.

2. Señala cuál de las siguientes afirmaciones es correcta:

a) La canal incluye la carne y todas las vísceras del animal.
b) Los derivados cárnicos son productos alimenticios preparados total o parcialmente con carnes o despojos sometidos a operaciones específicas.
c) Los productos tales como solomillo, entrecot, bistec, chuletas, etc., se consideran derivados cárnicos.
d) Todas las respuestas anteriores son correctas.

3. El Código Alimentario Español, dentro del grupo de "pescados", incluye los siguientes:

a) Aquellos animales que viven en el agua y son comestibles.
b) Exclusivamente a los vertebrados marinos.
c) Exclusivamente a los vertebrados de agua dulce.
d) Todos excepto las ballenas, por ser mamíferos.

4. ¿Cuál de las siguientes afirmaciones es falsa?

a) El pescado tiene menos grasas saturadas y menos colesterol que algunas carnes.
b) El pescado azul tiene mayor valor calórico que el blanco.

c) El pescado fresco tiene mayor valor nutritivo que el congelado.
d) Todas son falsas.

5. Según el Código Alimentario Español, ¿cómo se clasifican el tirabeque?

a) Legumbre verde.
b) Legumbre seca.
c) Tallo.
d) Fruto.

6. ¿Qué características fruta confitada?

a) La acidez total excederá el 14 %.
b) La acidez total no excederá el 14 %.
c) No podrá contener sal.
d) Es el producto obtenido por la cocción reiterada de los frutos en jarabes.

7. ¿Cuál de los siguientes pertenece a la espacie de Bóvido?

a) Novillo.
b) Buey.
c) Ternera.
d) Todos los anteriores.

8. Las hortalizas destinadas al consumo fresco deben:

a) Estar recién recolectadas.
b) Estar exentas de artrópodos.
c) Estar exentas de lesiones o traumatismos.
d) Todas las anteriores.

9. ¿Cómo se denomina la grasa que procede del fruto del cocotero adecuadamente refinado de consistencia pastosa, o fluida, según la temperatura ambiente, de color blanco o de marfil?

a) Manteca de palma.
b) Manteca de cacao comestible.
c) Manteca de coco.
d) Aceite de palmiste

10. ¿Qué ventaja tiene el uso de aditivos?

a) Preserva la calidad nutricional.
b) Disminuye la estabilidad de conservación.
c) Cambia sus propiedades organolépticas, llevando a error al consumidor.
d) Todas las respuestas son correctas.

11. ¿Qué aceite tiene una acidez libre máxima, en ácido oleico, de 2 g por 100 g?

a) Aceite de oliva extra.
b) Aceite de oliva virgen.
c) Aceite de oliva lampante.
d) Ninguno.

12. ¿De qué parte se obtiene el aceite de soja?

a) De la flor.
b) De la raíz.
c) De la semilla.
d) Del tallo.

13. ¿Qué animal es una pintada?

a) Una paloma.
b) Un ave.
c) Un Ánsar.
d) Todas son correctas.

14. En relación con los postres calientes, señale la afirmación correcta:

a) Los souflés pueden elaborarse con crema pastelera o puré de frutas y deben servirse inmediatamente tras el horneado para evitar que pierdan volumen.
b) Los buñuelos de frutas se sirven fríos para mantener su textura crujiente.
c) La tortilla Alaska consiste en una tortilla francesa rellena de helado y horneada sin merengue.
d) Las frutas flambeadas se consideran postres fríos porque el alcohol se evapora antes del servicio.

15. En relación con los conceptos de nutrición, nutrientes, dietética y dietista, identifique la opción correcta:

a) La nutrición es un proceso voluntario que depende exclusivamente de las elecciones alimentarias del individuo.
b) Los nutrientes energéticos incluyen vitaminas y minerales, ya que intervienen en el metabolismo celular.
c) La dietética es la ciencia aplicada que diseña regímenes alimentarios en salud y enfermedad, integrando conocimientos de nutrición, fisiología y patología.
d) El dietista es un profesional no sanitario cuya función se limita a elaborar menús estándar sin valoración individual.

16. ¿Qué vitamina es fundamental para la visión?

a) A.
b) B.

c) C.
d) D.

17. ¿Qué enfermedad puede ser causada por insuficiencia de vitamina D?

a) Caries.
b) Enfermedades cardiovasculares.
c) Raquitismo.
d) Escorbuto.

En MADTEST tienes **más preguntas de este tema,** y todos tus avances quedan registrados y se reflejan en el ranking.

¡Supera tus límites con MADTEST!

A continuación te presentamos algunos ejemplos de preguntas comentadas:

18. ¿En cuál de estas dietas está reducido el uso de sal?

a) Hipocalórica.
b) Hiposódica.
c) Hipoproteica.
d) Progresiva.

Respuesta correcta: b) Hiposódica.

La dieta hiposódica se caracteriza por la reducción del sodio (sal) en la alimentación, y está indicada principalmente en patologías como hipertensión arterial, insuficiencia cardíaca, enfermedad renal o edemas. La dieta hipocalórica reduce calorías, la hipoproteica disminuye proteínas y la progresiva adapta la consistencia o cantidad de alimentos según tolerancia, pero no implica necesariamente restricción de sal.

19. En relación con la dieta exenta de gluten, señale la afirmación correcta:

a) Está indicada principalmente para personas que desean perder peso, aunque no presenten patología digestiva.

b) Permite el consumo libre de avena convencional, ya que no contiene gluten de forma natural.

c) Es el tratamiento obligatorio en la enfermedad celíaca y requiere eliminar trigo, cebada y centeno, así como posibles trazas en productos manufacturados.

d) Puede realizarse sin necesidad de revisar el etiquetado si se evitan únicamente el pan y la pasta.

Respuesta correcta: c) Es el tratamiento obligatorio en la enfermedad celíaca y requiere eliminar trigo, cebada y centeno, así como posibles trazas en productos manufacturados.

La dieta sin gluten es imprescindible en la enfermedad celíaca y en la dermatitis herpetiforme, y está recomendada en la sensibilidad al gluten no celíaca. Debe eliminarse completamente el gluten y vigilar posibles contaminaciones cruzadas, incluida la avena no certificada. Es fundamental revisar el etiquetado y optar por productos certificados sin gluten para evitar complicaciones como malabsorción y déficits nutricionales.

20. En relación con la dieta recomendada para personas con hipercolesterolemia, señale la afirmación correcta:

a) Se debe aumentar el consumo de lácteos enteros para mejorar el colesterol HDL.

b) Es aconsejable utilizar técnicas culinarias como frituras frecuentes para potenciar el sabor sin afectar al perfil lipídico.

c) Se recomienda sustituir grasas saturadas por grasas monoinsaturadas y poliinsaturadas, como las del aceite de oliva y el pescado azul.

d) Los embutidos y carnes grasas pueden consumirse libremente si se acompañan de verduras.

Respuesta correcta: c) Se recomienda sustituir grasas saturadas por grasas monoinsaturadas y poliinsaturadas, como las del aceite de oliva y el pescado azul.

La dieta para personas con hipercolesterolemia busca reducir el colesterol LDL ("malo") disminuyendo la ingesta de grasas saturadas (presentes en carnes grasas, embutidos y lácteos enteros) y promoviendo el consumo de grasas saludables, como las monoinsaturadas y poliinsaturadas (aceite de oliva virgen extra y pescados ricos en omega-3). Además, se aconsejan técnicas culinarias saludables como el vapor, hervido, plancha o asado.

Solución al test n.º 9

1. d) Cafeína.

2. b) Los derivados cárnicos son productos alimenticios preparados total o parcialmente con carnes o despojos sometidos a operaciones específicas.

3. a) Aquellos animales que viven en el agua y son comestibles.

4. c) El pescado fresco tiene mayor valor nutritivo que el congelado.

5. a) Legumbre verde.

6. d) Es el producto obtenido por la cocción reiterada de los frutos en jarabes.

7. d) Todos los anteriores.

8. d) Todas las anteriores.

9. c) Manteca de coco.

10. a) Preserva la calidad nutricional.

11. b) Aceite de oliva virgen.

12. c) De la semilla.

13. b) Un ave.

14. a) Los souflés pueden elaborarse con crema pastelera o puré de frutas y deben servirse inmediatamente tras el horneado para evitar que pierdan volumen.

15. c) La dietética es la ciencia aplicada que diseña regímenes alimentarios en salud y enfermedad, integrando conocimientos de nutrición, fisiología y patología.

16. a) A.

17. c) Raquitismo.

18. b) Hiposódica.

19. c) Es el tratamiento obligatorio en la enfermedad celíaca y requiere eliminar trigo, cebada y centeno, así como posibles trazas en productos manufacturados.

20. c) Se recomienda sustituir grasas saturadas por grasas monoinsaturadas y poliinsaturadas, como las del aceite de oliva y el pescado azul.

Cómo acceder al Curso

Pinche
Test del temario

El uso de los códigos **es exclusivo de los compradores de los productos de Editorial MAD**. Cada producto posee un código único y de un solo uso. Es personal e intransferible y da acceso a servicios y contenidos adicionales. Editorial MAD se reserva el derecho de hacer cuantas comprobaciones sean necesarias para identificar al legítimo poseedor del código y dejar de dar servicio a quien haga uso fraudulento del mismo, además de emprender cuantas acciones legales estime oportunas según la legislación vigente.

Deberás acceder a:

mad.es/registro-campus

Si una vez aceptadas las condiciones de uso del Campus decides hacer uso del mismo, necesitarás del siguiente código de acceso junto con los códigos del resto de títulos que se exigen (si fuera el caso):

SDX5ELAMRC